MERIAN *momente*

W0060210

LEIPZIG

HENNER KOTTE

MERIAN *momente*-Apps im Apple App Store und bei Google Play

MERIAN *momente* PARIS

MER *mome* LONDON

MERI *mome* ISTANBUL

MERI *mome* BERLIN

und viele Reiseziele mehr…

Download on the App Store

Google play

Zeichenerklärung

♿	barrierefreie Unterkünfte
👪	familienfreundlich
🐕	Hunde erlaubt
🕐	Der ideale Zeitpunkt
🚩	Neu entdeckt
	Faltkarte

Preisklassen

Preise für ein Doppelzimmer mit Frühstück:

€€€€	ab 250 €	€€€	ab 150 €
€€	ab 100 €	€	bis 100 €

Preise für ein dreigängiges Menü:

€€€€	ab 80 €	€€€	ab 50 €
€€	ab 20 €	€	bis 20 €

LEIPZIG ENTDECKEN 4

LEIPZIG ERLEBEN 20

LEIPZIG ERKUNDEN   50

DAS UMLAND ERKUNDEN   132

LEIPZIG ERFASSEN   138

KARTEN UND PLÄNE

LEIPZIG
ENTDECKEN

Grüne Idylle: Johanna-Park (▶ S. 100), dahinter Rathausturm und City-Hochhaus.

MEIN LEIPZIG

Leipzig ist Markenname und überregional Begriff. Doch die Stadt ist viel mehr als Messe und Kabarett, mehr als Bahnhof, Goethe und Herbst '89. Leipzig bietet alles, was sich Reisende wünschen: Kultur und Kunst, Grün und Wasser. Machen Sie sich selbst ein Bild!

Offizielle Lebensläufe lügen: Demnach bin ich Vorpommer, obwohl meine Eltern Sachsen sind. Dresdner, um genau zu sein. Stolz war ich auf die Residenz und König und Kultur. Mit dem Studium gelangte ich nach Leipzig und stellte fest: Diese Stadt passt zu meinem Charakter besser: nicht obrigkeitsgläubig, innovativ, geschichtsträchtig, offen … Keine Berge behindern die Weitsicht. Gut, die Leipziger Tieflandsbucht mit ihrer Plattheit und den Kohlegruben muss man sich schön gucken. Das aber gelingt, ohne Anstrengung.

Mein Leipzig ist … grün und besitzt das größte innerstädtische Naturschutzgebiet Europas. Mein Leipzig ist … schwarz. Zumindest zum Pfingstfest trifft sich in der Stadt die Wave Gothic Szene. Mein Leipzig

◀ Gemächliche Bootsfahrt im Stadtteil
Plagwitz (▶ S. 78) auf der Weißen Elster.

war … grau. Das beweisen die Ansichten der Stadt aus den Zeiten der DDR. Heute ist es die Stadt mit den meisten denkmalgeschützten Häusern Deutschlands. Mein Leipzig ist … blau, nicht weil den Kneipen der Ausschankschluss freigestellt ist, sondern weil um die Stadt herum eine größere Wasseroberfläche entsteht, als die Mecklenburger Seenplatte Hektar hat. Mein Leipzig … fließt, weil es an vielen Flüsschen liegt: Elster, Pleiße, Luppe, Rietzschke, Parthe … Zu Boot lässt sich die Stadt auf völlig anderem Weg erkunden. Mein Leipzig ist … bunt. Nach der Statistik leben in der Stadt die meisten Ausländer in Sachsen. Mein Leipzig ist … tolerant und blickt auf eine lange Tradition von Handelsmessen. Mein Leipzig ist … gastfreundlich und begeistert seine Besucher. Der guten Attribute für die Stadt kein Ende.

Apropos Ausschank: Das fünftbekannteste Restaurant der Welt heißt Auerbachs Keller. Es ist das einzig reale Gebäude aus dem Goethe'schen Faust. Mephisto ließ vor Ort Wein aus allen Tischen fließen, worauf die Studenten besoffen grölen: »Wahrhaftig, du hast Recht! Mein Leipzig lob' ich mir! Es ist ein klein Paris, und bildet seine Leute.« Es scheint den Germanisten weniger der Vergleich Leipzigs mit der französischen Kapitale als volltrunkenes Geplapper. Aber selbst wenn, Auerbachs Keller ist ein touristisches Muss wie überhaupt Leipzigs Kneipenszene. Auf Karl-Liebknecht- oder Gottschedstraße herrscht nächtens mehr Betrieb als montagmorgens in der City. Den Ausschankschluss vereinbart der Gast persönlich mit dem Kellner, und es gibt nicht wenige Kneipen, die Nächte durch geöffnet haben und warme Speisen bis früh fünfe zubereiten.

DIE STADT DER LITERATEN UND KOMPONISTEN

Nicht nur Goethe ließ sich von Leipzig inspirieren. Gottfried Körner gab Friedrich Schiller hier Asyl. Die Neuberin verbrannte hier den Hanswurst auf offener Bühne. Luther, Gellert, Lessing, Gottsched, E.T.A. Hoffmann, Fontane, Karl May und Hedwig Courths-Mahler – kaum ein Literat, der nicht in der Stadt gewesen und geschrieben. Das Deutsche Literaturinstitut Leipzig bildet hier zum Schriftsteller mit Diplom. Fast alle Autoren des Sozialismus in der DDR studierten am hiesigen Literaturinstitut. Juli Zeh und Clemens Meyer hießen letzte in die Kritik geratene Absolventen. Leipzig ist … die Stadt der Bücher. Namhafte Verlage haben sich vor Ort gegründet: Heyne, Rowohlt, Goldmann, Reclam. Die alljährliche Buch-

messe präsentiert in vier Tagen mehr als 3000 literarische Veranstaltungen. »Leipzig liest« ist nicht nur Festival. Brockhaus, Meyer, die großen
Enzyklopädisten, in Leipzig edierten sie ihre Lexika. Der Notendruck ist
hier entstanden. Und in Leipzig ließ Timotheus Ritzsch 1650 die weltweit
erste Tageszeitung erscheinen. 1939 hatten 1500 Druckereien und 500
Verlage ihren Standort. Deshalb entschied man sich für Leipzig als Sitz
der Deutschen Bücherei, die alles im Land erscheinende Schriftgut sammelt. Leipzig – Stadt der »schwarzen Kunst«.

Leipzig ist … die Stadt der Musik, der »Sprache der Leidenschaft«. Auf
keinem anderen Stückchen Erde wirkten, stritten, liebten so viele Komponisten von Bedeutung. Wagner ist Leipziger. Schumann begegnete im
Haus des Lehrers seiner großen Liebe Clara. Mendelssohn entdeckte
Johann Sebastian Bach und komponierte sich in die Unsterblichkeit.
Mahler setzte hier für seine 1. Sinfonie die Noten. Reger, Grieg, Telemann,
Lortzing, Janaček – Namen, die ihren Vornamen nicht brauchen und er-
haltene Stätten, die von ihrem Schaffen zeugen. Der Thomanerchor singt
in Leipzigs Kirchen seit dem Jahre 1212 – 800 Jahre, welch Jubiläum! Und
das Gewandhausorchester bezahlten Leipziger als ersten nicht höfischen
Klangkörper deutscher Lande. Mit dieser Notenspur will sich Leipzig ins
UNESCO-Welterbe schreiben.

VON RELIGION, KRIEG UND REVOLUTION

Überhaupt schrieb Leipzig Weltgeschichte. 1519 machte Martin Luther in
der Stadt seine Thesen erstmals öffentlich. In der Pleißenburg disputierte
er mit Dr. Eck. Die Kirchenspaltung folgte. 1813 traf die französische Armee bei Leipzig auf die Alliierten. Die Völkerschlacht brachte Napoleon
den Untergang und 100 000 Tote. Jedes öffentliche Haus ward Lazarett,
knöcheltief sei man durch Blut gewatet. Hundert Jahre später wurde das
Völkerschlachtdenkmal als sichtbare Landmarke aufs südliche Schlachtfeld gesetzt. »Eine revolutionäre Situation gibt es dann, wenn die oben
nicht mehr können und die unten nicht mehr wollen.« 1989 nahm in der
Nikolaikirche die friedliche Revolution ihren Ausgang und stürzte Europas sozialistisches Regime. »Wir sind das Volk!« ein Slogan, der Demokratie schafft und sie erhält.

Mein Leipzig ist … autonom und ließ sich nie von Berlin oder der Residenzstadt Dresden aus regieren. Logischerweise nahm hier die Wende
ihren Ausgang. Als August der Starke sich von den Bürgern hier ein
Schloss bauen lassen wollte, verhinderten die Leipziger dies mit Trick
und Coolness. Der König schlief zur Untermiete. Auch der Wiederher-

stellung der gesprengten Unikirche widersetzten sich Verantwortliche und meinten, dies sei eine Entmündigung der Universität. Rektor samt Korektoren traten zurück. Leipzig will keine gipserne Wiederherstellung alter Stadtansichten. Auch ein Oberbürgermeister kann nicht gegen seine Bürger regieren. Als Mitinitiator des Bürgerentscheids bin ich noch heute stolz: 2008 stimmten 41 % der Leipziger »gegen den Ausverkauf unserer Stadt« und die Veräußerung kommunalen Eigentums. Selbst die letzten Worte des sächsischen Königs, »Macht eiren Dreck alleene!«, hat ein Leipziger seiner Majestät in den Mund gelegt: Hans Reimann. Mittlerweile unterhalten in der Stadt sieben Kabarett- und Varietébühnen: Academixer, Pfeffermühle, Funzel, Krystallpalast, Palmengarten, Sanftwut, Centralkabarett. Kleinkunstbühnen und freie Theater gibt es noch viel mehr. Mein Leipzig ist … heiter und nie langweilig.

Für eine Kurzgeschichte erhielt ich 1997 den MDR-Literaturpreis, was mich veranlasste, weiter Krimis zu schreiben. In der Midlife-Krise überfiel mich das Bedürfnis, eine Schulbank zu drücken. Schon hatte ich mich für Spanisch angemeldet, als mir meine Doppelkopfrunde empfahl, einen langen Lehrgang zum Stadtführer zu absolvieren. Ein lebensentscheidender Ratschlag: Solch städtisches Wissen ist für Bücher gut, muss man die Details nicht aus Reiseführern zitieren. Zum anderen ist Gästeführer tatsächlich für mich ein Traumjob. Was gibt's Schöneres, als Wissbegierigen seinen Wohnort nahe zu bringen. Und da hat Leipzig mehr zu bieten, als in jede Führung passt. Natürlich müssen Daten und die Namen genannt werden, doch erinnern werden Sie sich an Geschichten. Auch da hat Leipzig eine Menge drauf. Wussten Sie, dass der Heilige Georg hier den Drachen tot stach? Dass bereits 1901 hier die Zeitung titelte: »Was nützen uns Aufsichtsräte, wenn Sie keine Aufsicht ausüben?« Dass der Kopf einer Leiche verschwand, aber vier andere statt seiner gefunden wurden? Oder dass man bestimmte Stellen auf dem Markt besser nicht betreten sollte? Auch dieses Wissen gehört zu einem Stadturlaub. Sie halten es soeben in den Händen. Viel Spaß vor Ort wünscht Henner Kotte!

DER AUTOR

Henner Kotte ist in der sächsischen Residenz aufgewachsen. Seit seinem Germanistik-Studium fühlt er sich als Leipziger. Seine Aufmerksamkeit widmet er jeder Facette der Stadt, wobei er deren kriminelle gern literarisch verarbeitet. Als Führungspersönlichkeit zeigt er Fremden Leipzigs verborgene Seiten und erzählt Geschichten, die kaum glaublich scheinen. Einige gibt er im Buch preis.

MERIAN TopTen

Diese Höhepunkte sollten Sie sich bei Ihrem Besuch auf keinen Fall entgehen lassen: Ob Auerbachs Keller, Hauptbahnhof oder Thomaskirche – MERIAN präsentiert Ihnen hier die wichtigsten Sehenswürdigkeiten Leipzigs.

1 Auerbachs Keller
Goethe ließ den Teufel vor Ort Wein ausschenken. Das Restaurant steht heute unter den Top Five der berühmtesten Gasthäuser der Welt (▶ S. 28).

2 Passagensystem
Die alten Messehöfe durchfuhren die Planwagen der Kaufleute. Die Tradition wurde fortgesetzt: mehr als Einkaufsparadiese (▶ S. 35).

3 Szene
Die Stadt besitzt eine lebendige Kulturszene. Nach der Vorstellung ins Nachtleben – Leipzig besitzt keinen Kneipenschluss (▶ S. 39).

4 Notenspur
Mehr als 20 weltberühmte Komponisten wirkten in der Stadt. Ein Rundweg verbindet ihre Wirkungsstätten. Kandidat fürs UNESCO-Welterbe (▶ S. 43).

5 Hauptbahnhof
Von Leipzig fuhr die erste Ferneisenbahn Deutschlands 1839. Der Hauptbahnhof ist der größte Europas: 16 Fußballfelder überdacht (▶ S. 57).

6 Nikolaikirche
Die Montagsgebete in dieser Kirche stürzten das sozialistische Weltsystem. Doch erzählt das älteste Gotteshaus der Innenstadt weit mehr (▶ S. 58).

⭐7 Thomaskirche

Seit dem Jahr 1212 singt in der Klosterkirche der Thomanerchor. Untrennbar
ist mit dem berühmten Knabenchor
der Name Johann Sebastian Bach verbunden. Seine Hauptwirkungsstätte
war die Thomaskirche (▶ S. 59).

⭐8 Gewandhausorchester

Das erste bürgerlich finanzierte Orchester Deutschlands gehört seit seiner
Gründung zu den führenden Klangkörpern der Welt (▶ S. 65).

⭐9 Reichsgericht

Leipzig war Sitz des Obersten Gerichts.
Im Reichsgerichtsgebäude fanden ge-
schichtsträchtige Prozesse statt: Karl
Liebknecht, Marinus van der Lubbe,
Georgi Dimitrow (▶ S. 100).

⭐10 Völkerschlachtdenkmal

Aus Anlass der ersten großen Schlacht
der Neuzeit im Jahr 1813 erbaute man
das weltgrößte Gebäudedenkmal.
Auch als grandioser Aussichtspunkt er-
steigenswert (▶ S. 118).

MERIAN Momente
Das kleine Glück auf Reisen

Oft sind es die kleinen Momente auf einer Reise, die am stärksten in Erinnerung bleiben – Momente, in denen Sie die leisen, feinen Seiten der Stadt kennenlernen. Hier geben wir Ihnen Tipps für kleine Auszeiten und neue Einblicke.

Heeß, stork, sieß   D 2

»Ohne Gaffee genn mir nich gempfen«, meinten einst die sächsischen Krieger. Das Haus zum Arabischen Coffe Baum ist das älteste Kaffeehaus Deutschlands. Im zweiten Stock zeigt ein Museum Geschichte, Wirkung und Nebenwirkungen des Nationalgetränks. Dass Sachsen auf »Bliemchen-Gaffee« stünden, ist üble Nachrede. Sachsens Kaffee-Kultur ist hoch! Hier der Beweis.

Zentrum | Kleine Fleischergasse 4 | Straßenbahn: Thomaskirche | www.coffe-baum.de | tgl. 10–19 Uhr

Mehr vorm Abend   D 2

Tradition ist vor Konzerten und Oper die Einführung in Musik und Handlung durch Musikwissenschaftler oder Dramaturgen. 45 Min. vor Veranstaltungsbeginn erhalten gewillte Besucher fachmännische Interpretationshilfe. Das steigert den Genuss des Abends, ist leicht verständlich, vergleicht und ordnet in die Kulturgeschichte ein. Informativer als das Programmheft und lohnenswert.

Zentrum | Gewandhaus/Oper | Straßenbahn: Augustusplatz

3 Freier Blick D 2

Der Marktplatz ist immer Mittelpunkt. In Leipzig war er stets das Zentrum. Eingesäumt mit z. T. historischen Preziosen bieten die Freisitze mehrerer Restaurants besten Blick aufs Marktgeschehen. Eingeweihte können die Menschen zählen, die unbedarft das pflasterne Stadtwappen überschreiten: An dieser Stelle wurde ehedem geköpft. Das Betreten bringt Unglück.

Zentrum | S-Bahn: Markt

4 Rundrum mit der 14

Das Straßenbahnnetz Leipzigs ist das größte im Lande. Die Linie 14 fährt im Kreis von Plagwitz nach Plagwitz, nah zum innovativen Pool der Kunst. Doch wenn man am Westplatz zu- und aussteigt, hat man eine Tour rund um die City mit Hauptbahnhof, Augustusplatz, Neuem Rathaus und weiteren Sehenswürdigkeiten noch dazu. Danach mit dem Tagesticket noch zu Völkerschlachtdenkmal, Neuer Messe, MDR ...

5 Motette in der Thomaskirche D 2

Außerhalb der sächsischen Ferienzeit fügt der Thomanerchor zweimal wö-

chentlich christliche Worte in Musik. Diese liturgische Form der Vesper erfreut sich großer Beliebtheit und lässt die berühmten Sängerknaben live erleben. Keine Reservierungen und Vorverkauf, Einlass ist 45 Min. vor Beginn. Zwei Euro sind für den Erwerb eines Programms erforderlich. Die Gottesdienste an Sonn- und Feiertagen sind ohne Entgelt.

Zentrum | Thomaskirche | Thomaskirchhof 18 | Straßenbahn: Thomaskirche | www.thomaskirche.org | Fr 18 und Sa 15 Uhr

6 Stadtgeschichte ohne Museum D 2

Die neu erbaute Shopping-Mall Höfe am Brühl hat Platz für 130 Geschäfte, die bis 20 Uhr geöffnet haben. Gestresste Ehemänner, die auf den Einkauf gern verzichten, haben die Möglichkeit, in den Schaukästen ums Gebäude viel zu Stadt und Geschichte zu erfahren, sodass sich der Besuch des Stadtgeschichtlichen Museums fast erübrigt. Liebevoll gestaltet, bringen sie erstaunliche Details ihrem Betrachter nah.

Zentrum | Brühl 1 | Straßenbahn: Goerdelerring | www.hoefe-am-bruehl.de

 Konzertsaal Thomaskirchhof

 D 2

Seit 1979 gibt es die Musikstadt Montagabend eintrittsfrei. Zu Füßen des Bach-Denkmals geben namhafte Künstler Konzerte. Stilistisch wird von Jazz bis barocker Zwischenmusik alles geboten. Zeitiges Erscheinen sichert Plätze nicht nur in der ersten Reihe, sondern auch auf den Freisitzen der Restaurants ringsum. Konzerte unverkrampft und ohne Etikette.

Zentrum | Straßenbahn: Thomaskirche | Juli/August Mo 19 Uhr

8 **Draufblick** C 1

Das Rosental ist Leipzigs grüne Lunge. Goethe und König, Mörder und Mütter suchten hier Ruhe und Entspannung. Auch heute spaziert man gern durch diesen Teil des Auenwaldes. Ein Müllberg wurde 1896 mit einem Aussichtsturm versehen. Kriegszerstört steht seit 1975 an gleicher Stelle eine Stahlkonstruktion: Der Aufstieg gestaltet sich leicht wackelig, doch der Ausblick entschädigt. Im Süden der Stadt ermöglicht der Fockeberg den Draufblick von der anderen Seite.

Zentrum-Nord | Rosentalturm | Straßenbahn: Am Mückenschlösschen

9 **Blick auf Afrika** D 1

Der Rat der Stadt verfügte, dass der Zoo auch von außen einsichtig bleibt. Eine Seite der Rosentalwiese nennt sich »Zooschaufenster«, denn von dort ist der Blick auf die Afrika-Savanne frei und auf Zebra, Giraffe, Antilopen, Strauße. Natürliche Barrieren wie Sträucher, Schilf und Wasser hindern am Ausbruch. Bänke laden zum Verweilen ein, die große Wiese zum Spielen, Ruhen und Sonnen.

Zentrum-Nord | Rosental | Straßenbahn: Zoo

10 **Partybrücke** C 3

Der Erfurter Musiker Clueso handelte spontan, griff zur Gitarre und Hunderte hörten. Seitdem gilt die Sachsenbrücke im Clara-Zetkin-Park als gute Adresse für Jam-Sessions und Auftritte. In lauen Sommernächten pilgert Leipzigs Jugend und Szene hinaus und feiert. Imbisswagen verkaufen Eis und mehr. Musik, Spaß und pure Lebensfreude, Nebenwirkungen inbegriffen.

Musikviertel | Sachsenbrücke | Straßenbahn: Klingerweg | spontan in Sommernächten

 Tierpark ohne Exoten

südl. C 6

1904 bekam die Stadt vom Mühlenbesitzer Jacob vier Stück Damwild geschenkt. Darauf legte man ein Wildgatter im südlichen Auwald an. Der Tierbestand wuchs. Heute erstreckt sich das Areal des Wildparks über 42 ha und zeigt die heimischen Arten von Lurch bis Schwein. An den Gehegen hängt Futter (1 €), sodass man Reh und Wisente füttern kann. Gastronomie vorhanden. Die Alternative zum Zoo.

Südlicher Auwald | Koburger Str. 12 a | Straßenbahn: Wildpark | www.wildpark verein-leipzig.de | 16. März–Okt. 9–19, Nov.–15. März 9–17 Uhr

12 Lyrik beim Spazieren   B 2

Der Auenwald durchschneidet die Stadt von Norden nach Süden. Am breiten Elsterflutbecken ist gut Weg, Bauten und Beton zu vergessen. Am Ufer nah der Jahnallee ist ein Kunstkubus zu schauen, wer zwei Euro investiert, erhält sein individuelles Gedicht. Dieses kann man sich auf den zahlreichen Bänken zu Gemüte führen, oder man wendet seinen Blick den trainierenden Wassersportlern zu. Worte und Gefühl wie aus der Welt gefallen.

Waldstraßenviertel | Straßenbahn: Sportforum

13 City-Kühlung   C 2

Stadttouren lassen schwitzen. Wenn die jahreszeitlichen Temperaturen ein Übriges tun, sehnt sich der Mensch nach Kühlung. Kaum 400 m vom Altstadtring entfernt lädt das Schreberbad dazu ein. In der historischen Anlage befindet sich auch das Deutsche Kleingärtnermuseum, und eine Gartenanlage lässt auf ihre Beete und Bäume schauen.

Zentrum-West | Schreberstr. 5 | Straßenbahn: Westplatz

14 Geschichte, Ruhe und Natur   F 5

Im Jahr 1886 eröffnet ist der Südfriedhof mit seiner Fläche von 82 ha eine der größten Anlagen in Deutschland. Die im Jugendstil errichtete Kapelle zitiert das Eifeler Kloster Maria Laach und war bereits mit Kolumbarium geplant. Der Hauptweg folgt der Form eines Lindenblatts: Leipzig – Ort bei den Linden. Leipziger Persönlichkeiten wie die Verlegerfamilie Baedeker, der Poet Christian Fürchtegott Gellert, die Mundartdichterin Lene Voigt und der Musiker Klaus Renft fanden hier ihre letzte Ruhe.

Probstheida | Friedhofsweg 3 | Straßenbahn: Südfriedhof | April–Sept. 7–21, Okt.–März 8–18 Uhr

NEU ENTDECKT
Darüber spricht ganz Leipzig

Leipzig befindet sich stetig im Wandel: Sehenswürdigkeiten werden eingeweiht, es gibt neue Museen, Galerien und Ausstellungen, Restaurants und Geschäfte eröffnen und ganze Stadtviertel gewinnen an Attraktivität, die Stadt verändert ihr Gesicht. Hier erfahren Sie alles über die jüngsten Entwicklungen – damit Sie keinen dieser aktuell angesagten Orte verpassen.

◀ Das Neue Augusteum der Universität (▶ S. 18) mit dem historischen Schinkelportal.

SEHENSWERTES

Altes Messegelände ◀ F 4

Die Internationale Bauausstellung 1913 ließ auf dem 50 ha großen Gelände östlich der City erste Hallen entstehen. So der noch heute beeindruckende Kreis'sche Kuppelbau, die Messehalle 16. Weitere Ausstellungshallen wie das Achilleion kamen hinzu, eine mehrfach zu nutzende Halle, in der u. a. Max Schmeling einen seiner frühen Siege errang. Nach Umbau Sowjetischer Pavillon genannt, harrt die Messehalle 12 heute auf neue Nutzer. Der auf ihr leuchtende Rote Stern ist heimliches Wahrzeichen. Die Bio-City (am Deutschen Platz) ist Innovationsknoten für Start-up-Unternehmen der Branche. Etablierte Einrichtungen nutzen den von Fredo Wiescholeck entworfenen, in verschiedenen Rottönen leuchtenden Bio-Cube. Das Gelände erfuhr einen phänomenalen Strukturwandel und präsentiert heute einen durchdachten Mix von Handel, Geschäft, Event, Erholung und Forschung.

Thonberg | Prager Straße | Straßenbahn: Altes Messegelände

City-Tunnel ◀ D 1

Der neue City-Tunnel verbindet die Kopfbahnhöfe Hauptbahnhof und Bayrischen Bahnhof. Seit 1915 hegte man solchen Plan, erst nach der Wende begann seine Realisierung. Wie bei vielen Projekten erhöhten sich die Kosten (um das Vierfache) und wurde das Bauende verschoben (um vier Jahre). Nun verkürzt die Strecke die Fahrzeit für ICEs Richtung Nord-Süd um 10-Min.,

die S-Bahn erhält zwei innerstädtische Haltepunkte: Markt und Wilhelm-Leuschner-Platz. Die neuen Bahnhöfe wurden von verschiedenen Künstlern gestaltet.

Galopprennbahn Scheibenholz ◀ C 4

Die Pferderennbahn hat Geschichte. 1867 legte sie der Leipziger Rennclub in einem zentrumsnahen Teil des Auenwaldes an. 1907 nahmen die Zuschauer zum ersten Mal auf der Holztribüne Platz. Deren zwei Türme avancierten zum Wahrzeichen der Stadt. Kriegsbeschädigt fristete die Anlage in der DDR

ein bescheidenes Dasein. Nach ihrer Sanierung kann man seit März 2012 auf der Tribüne wieder Platz nehmen. Nebenbei bemerkt: August Horch absolvierte auf dem Gelände seine erste Motorradfahrt und entdeckte sein Faible für die Pferdestärken.

Musikviertel | Wundtstr. 4 | Bus 89: Telemannstraße | www.galoppim scheibenholz.de

Neues Wagner-Denkmal ◀ D 1/2

Mit seinem großen Sohn hat sich die Geburtsstadt bislang schwer getan. Das Wagner-Haus wurde 1886 abgerissen.

Hinter der Oper versteckte man 1983 seine Büste als erstes Wagner-Denkmal der DDR. Erst zum 200. Geburtstag bekam der Komponist ein ganz kleines Museum (Nikolaikirchhof 2), aber auch ein neues Denkmal. Auf einen Sockel von Max Klinger setzte Stephan Balkenhol den jungen Richard mit großem Schatten: bunt, assoziativ, diskussionswürdig.

Zentrum | Promenaden Goerdelerring | Straßenbahn: Goerdelerring | www. richard-wagner-leipzig.de, www.wagner-denkmal.com

Propsteikirche   🚋 D 2

In der Pleißenburg (auf deren Mauern baute man 1905 das Neue Rathaus) verteidigte anno 1519 Martin Luther seine Thesen der Wittenberger Kirchentüre. Die katholische Propsteikirche der Festung gegenüber fiel im Angriff Alliierter 1943 in Trümmer. Die DDR gewährte der Gemeinde Land außerhalb der City. Nunmehr schuf man Ausgleich, und im südlichen Stadtzentrum entsteht die Propsteikirche neu. Ironie der Geschichte: Ihre Adresse lautet nunmehr Martin-Luther-Ring 1.

Zentrum-Süd | Martin-Luther-Ring 1 | Straßenbahn: Neues Rathaus

Pusteblumen-Brunnen   🚋 D 1/2

Der Richard-Wagner-Platz, ehemals Fleischerplatz, gilt als Geburtsort des heutigen Leipzig. Ungefähr an jener Stelle stand die sagenhafte alte Burg. Heute stehen hier die Pusteblumen: Springbrunnen, die in Leipzig legendär sind. Seit 1972 standen sie auf dem Sachsenplatz, der dem neuen Bildermuseum wich. Doch die Bürger mochten sie aus dem Stadtbild nicht streichen, und so stehen diese Pusteblumen wieder silbern glänzend neben der silbern glänzenden »Blechbüchse«, dem alten Konsument-Warenhaus, heute Teil der neu eröffneten Höfe am Brühl.

Zentrum | Richard-Wagner-Platz | Straßenbahn: Goerdelerring

Stadthafen   🚋 C 2

Leipzig ist Wasserstadt mit zentrumsnaher Anlegestelle. Die Stadt durchziehen eine Vielzahl Flüsse und Kanäle. Am Pleißemühlgraben residiert das Bundesverwaltungsgericht. Dem Zoo ist die Parthe Fließgewässer. Kanuten und Ruderer trainieren auf dem Elsterflutbecken. Der Freizeitsportler kann 200 m ab Neuem Rathaus im neuen Stadthafen sein Boot besteigen und auf romantischer Strecke den Auenwald durchpaddeln. Ziel: das Leipziger Neuseenland. Im Frühsommer wird ein Teil der Strecke jedoch für den öffentlichen Verkehr gesperrt: Der Eisvogel brütet. Geschützte Natur in der Stadtmitte – selten.

Zentrum-West | Schreberstraße | Straßenbahn: Westplatz

Universität   🚋 D 2

Für das aufgelöste Dominikanerkloster St. Pauli ließ Rektor Caspar Borner 1544 die Universität ins Grundbuch schreiben, seitdem residiert die »Alma Mater Lipsiensis« am Augustusplatz. Das klassizistische Augusteum und die im 13. Jh. erbaute Paulinerkirche erlitten reparable Schäden im Zweiten Weltkrieg. Staatschef Walter Ulbricht legte seiner Heimatstadt nahe, dass solche Gebäude dem Sozialismus wesensfremd seien. Trotz Protesten mussten die Leipziger am 30. Mai 1968 der

Sprengung von Universität und Kirche zuschauen. Die DDR baute neu (Uni-Riese und Seminargebäude zeugen davon). Auch das ganz neue Deutschland riss ab und errichtete wieder. Erick van Egeraats Neubau zitiert die Silhouetten der verlorenen Gebäude. Über die Nutzung wurde viel diskutiert. Die blaue Fassade haben die Leipziger längst akzeptiert.

Zentrum | Augustuspl. 10 | Straßenbahn: Augustusplatz | www.uni-leipzig.de | Uni und Innenhof offen: Mo–Fr 6–22, Sa 6–14 Uhr

MUSEEN UND GALERIEN

Deutsches Buch- und Schrift-museum　　　　　　　　　　🚩 E 4

Das Gebäude der Deutschen Bücherei wurde 1916 eröffnet. 1954 wurde hier das übernommene Buch- und Schriftmuseum wiedereröffnet. Mit dem mittlerweile vierten Erweiterungsbau erhielt jetzt die Ausstellung wesentlich mehr Platz. Die ausgezeichnete Dauerausstellung »Zeichen – Bücher – Netze. Von der Keilschrift zum Binärcode« verfolgt die Geschichte der Schriftsprache. Wechselnde Sonderschauen widmen sich interessanten Nebenaspekten wie Plakaten oder Tagebüchern.

Thonberg | Deutsche Bücherei | Deutscher Pl. 1 | Straßenbahn: Deutsche Bücherei | www.dnb.de | Di–So 10–18, Do bis 20 Uhr | Eintritt frei

🚩 Weitere Neuentdeckungen sind durch dieses Symbol gekennzeichnet.

Der Pusteblumen-Brunnen (▶ S. 18) des Leipziger Künstlers Harry Müller sorgt heute – nach einem Ortswechsel – am Richard-Wagner-Platz für sommerliche Erfrischung.

LEIPZIG
ERLEBEN

Das Steigenberger Grandhotel Handelshof
(▶ S. 25) mit prächtiger historischer Fassade.

ÜBERNACHTEN

Wie wäre es, in einem noblen Gründerzeitbau mit nostalgischem Flair zu nächtigen? Vielleicht bevorzugen Sie ein modernes, mit allen technischen Finessen ausgestattetes Hotel, oder Sie legen Wert auf gute Wellnessangebote – Leipzigs Hotellerie hat einiges zu bieten.

Seit Gründung empfängt Leipzig Gäste. Die mittelalterlichen Messehöfe bargen neben Präsentationsflächen, Lager- und Verhandlungsräumen auch Schlafstuben. Außerhalb der Messezeiten nächtigten darinnen die Studenten. Der Name der »Strohsack-Passage« zwischen Nikolai- und Ritterstraße zeugt noch heute davon. Auch Goethe musste zu Messezeiten seine Pension verlassen. In DDR-Zeiten wurden die Internate als Hotels genutzt. Bürger vermieteten Zimmer ihrer Wohnung. Die Leipziger Messemutti ist sprichwörtlich. Sie umsorgte im Sozialismus die Besucher sehr gerne für Miete in Devisen. Die Zeiten haben sich gewandelt, aber fürsorgende Vermieterinnen gibt es auch heute. Zum Wave-Gotik-Treffen stellen Leipziger sogar ihre Vorgärten fürs Zelten zur Verfügung. Besucherzahlen beweisen: Leipzigs touristische Attraktivität nimmt zu. Unter dem Titel »Next Stop: Arts Thrive in Leipzig, Bach's Backyard« berichtete die

◀ Die Raumdekoration des Hotels Living
Bach 14 (▶ S. 24) erinnert an das Musikgenie.

»New York Times« bereits zum zweiten Mal über Leipzig und platzierte die Stadt 2010 in der Liste der 31 spannendsten Reiseziele weltweit. Leipzig schaffte es übrigens als einzige deutsche Metropole in dieses Ranking. In- und außerhalb der Innenstadt empfangen Hotels aller Preisklassen, aller Lagen mit Blick auf Thomaskirche oder See, mit kurzem Weg zur Kneipenmeile oder mit Sterne-Restaurant. Leipziger sind stolz auf ihre Gäste und wollen's ihnen »so gemiedlich wie mechlich machen«. Zu Messezeiten und Großveranstaltungen erhöhen sich naturgemäß die Preise. Eigene Recherche und Vorbestellung zahlen sich aus. Fast alle Übernachtungsmöglichkeiten sind per Internet buchbar. Doch auch vor Ort ist man gut beraten. Anlaufpunkt für Anreisende ohne Hotelreservierung ist die zentral gelegene Leipzig-Information (Katharinenstr. 8) unweit des Marktplatzes. Zudem sind hier Theaterkarten, Stadtführungen oder auch Bootsfahrten buchbar.

BESONDERE EMPFEHLUNGEN

Best Western City Center ⚓▮ D 1
Zentrale Lage – Das Hotel ist Legende: 1913 flüchtete in das Gebäude einer der entflohenen Löwen des Zirkus Barum. Postkarten druckte man vom Ereignis, und das Haus avancierte zur Sehenswürdigkeit. Das Hotel überzeugt mit Bahnhofs- und Zentrumsnähe. Fast alle Straßenbahnen halten davor. Zentrum-Nord, Kurt-Schumacher-Straße 3, Straßenbahn: Hauptbahnhof, Tel. 1 25 10, www.bestwestern.de/hotels/Leipzig. 115 Zimmer | ♿ | 🛏 10 € pro Nacht | €€

Fürstenhof ⚓▮ D 1
Luxuriöse Residenz – Bankier und Ratsherr Eberhard Heinrich Löhr ließ sich am Innenstadtring einen Palast errichten. Seine neue klassizistische Fassade sorgte ehedem für Diskussionen.

Nobel ist das Haus geblieben. Beeindruckend der Serpentinsaal. Seit fast 125 Jahren zählt der Fürstenhof zu Leipzigs ersten Adressen. Auch heute setzt das Hotel auf Tradition, Komfort und Werte und gehört zur »Luxury Collection«. Zentrum-Nord | Tröndlinring 8 | Straßenbahn: Wilhelm-Goerdeler-Ring | Tel. 1400 | www.hotelfuerstenhofleipzig. com | 92 Zimmer | ♿ | 🛏 | €€€€

Galerie Hotel Leipziger Hof ⚓▮ F 1
Gesamtkunstwerk – Die Leipziger Schule sorgte in der Malerei für Schlagzeilen. Stadtansichten von Bernhard Heisig, Wolfgang Mattheuer, Hartwig Ebersbach u. a. zieren Zimmer, Gänge und Tagungsräume des Hotels. »Hier schlafen Sie mit einem Original« – kunstvolles Ambiente und Komfort, dazu der urbane Charme des Gründer-

zeitviertels überzeugen ebenso wie der kurze Weg ins Stadtzentrum.

Neustadt-Neuschönefeld | Hedwig-str. 1–3 | Straßenbahn: Einertstraße | Tel. 6 97 40 | www.leipziger-hof.de | 73 Zimmer | ♿ | 🐕 | €€€

Hotel Am Bayrischen Platz 🛏 D 3

Marx war hier – Der Bayerische Bahnhof ist eine der U-Bahn-Haltestellen des neuen City-Tunnels. Das Hotel an seinem Ausgang beherbergte 1874 Karl Marx und seine Tochter, sein Zimmer ist buchbar. Eine Haltestelle der Straßenbahn führt zum Stadtzentrum, zwei zur Deutschen Bücherei. Vis-à-vis das Universitätsklinikum und das Gasthaus zum Bayrischen Bahnhof, in dem die legendäre Gose gebraut wird.

Zentrum-Süd | Paul-List-Str. 5 | S-Bahn/Straßenbahn: Bayerischer Bahnhof | Tel. 14 08 60 | www.hotel-bayrischer-platz.de | 32 Zimmer | ♿ | 🐕 | €

Hotel Michaelis 🛏 D 3

Exzellente Küche – An der Kneipenmeile der Südvorstadt gelegen, besitzt das Haus Alleinstellungsmerkmale: Als einziges der Stadt gehört es zum Verband christlicher Hoteliers, seine Küche wurde mehrmals ausgezeichnet.

Südvorstadt | Paul-Gruner-Str. 44 | Straßenbahn: Hohe Straße | Tel. 2 67 80 | www.michaelis-leipzig.de | 62 Zimmer | ♿ | 🐕 | €€€

Living Bach 14 🛏 D 2

Bachscher Grund – Auf diese Erde setzte einst Bach den Fuß. Das Gebäude gehört zu den ältesten der Stadt, wurde mehrmals umgebaut und präsentiert sich jetzt in neuem Glanz.

Zimmer und Appartements vis-à-vis der Thomaskirche, neben dem Bosehaus mit Bachmuseum, näher kann man dem Genie der Tonkunst gar nicht kommen. Auch die künstlerische Raumgestaltung lässt Bachs Musik erleben.

Zentrum | Thomaskirchhof 13 | Straßenbahn: Thomaskirche | Tel. 49 61 40 | www.bach14.arcona.de | 52 Zimmer | ♿ | 🐕 | €€€

Motel One 🛏 D 2

Kurze Wege – Das Hotel blickt auf die Nikolaikirche, den Ausgangspunkt der friedlichen Revolution 1989. Daneben Nikolaischule, wo Richard Wagner lernte, und Specks Hof, eine der imposantesten Passagen der Stadt. Gegenüber auf der Ritterstraße die Meile der Buchantiquariate. Man ist mittendrin im (fast) verkehrslosen Innenstadtgeschehen, Läden und Kneipen locken.

Zentrum | Nikolaistr. 23 | Straßenbahn: Augustusplatz | Tel. 3 37 43 70 | www.motel-one.com/de/hotels/leipzig | 194 Zimmer | ♿ | 🐕 5 € pro Nacht | €

Park Hotel 🛏 D 1/2

Wohnliches Stadt-Entrée – Das Haus zeugt von Leipzigs Boomzeit 1913: Art déco und Jugendstil. An hervorragender Stelle, nah am Bahnhof, lädt es in die Stadt und zum Verweilen ein. Höchster Standard und Komfort, Wellness, für Kongresse, Familien und Messe bestens geeignet. Das Ambiente des Restaurants »Steak Train« erinnert an Agatha Christie und den Orient-Express und reicht die frischen Steaks vom Lavagrill.

Zentrum | Richard-Wagner-Str. 7 | Straßenbahn: Hauptbahnhof | Tel. 9 85 20 |

www.parkhotelleipzig.de | 288 Zimmer | 🚹 | 🐕 | €€

Radisson Blu　🚩 D 2

In bester Nachbarschaft – Der Augustusplatz ist eine der größten innerstädtischen Freiflächen Europas. Ihn säumen Gewandhaus, Oper und Universität. Das Radisson eröffnet darauf den Blick. Zimmer und Suiten folgen einem ansprechenden Farbkonzept und bieten alle Annehmlichkeiten der Zeit und Technik. Nicht nur als Start ins Leipziger Nachleben bestens geeignet.

Zentrum-Ost | Augustuspl. 5 | Straßenbahn: Augustusplatz | Tel. 2 14 60 | www.radisson-leipzig.com | 214 Zimmer | 🚹 | 🐕 | €€€

Residenzhotel　🚩 nordöstl. F 1

Messenah – Verkehrstechnisch ideal gelegen: nah an der Autobahn A14. Das Hotel bietet familiäres Flair und macht die Nähe zu Großstadt und Verkehr vergessen. Kurzer Weg zum Golfplatz Leipzig-Seehausen, zu Flughafen, BMW-Werk und Neuer Messe. Zum anderen Ausgangspunkt für Ausflüge nach Bad Düben, Grimma oder Halle.

Hohenheida | Residenzstr. 43 | Bus: Hohenheida/Gasthof | Tel. 03 42 98/ 4 50 | www.hotel-residenz-leipzig.de | 50 Zimmer | 🚹 | 🐕 | €€

SchlafGut　🚩 E 2

Apartmenthotel – Als »Pragers Biertunnel« schrieb das Gründerzeithaus Geschichte. Am Johannisplatz gelegen, in Nachbarschaft des Grassimuseums. 400 m bis in die City, 900 m zum Hauptbahnhof. In den Räumen von Pragers Biertunnel serviert heute der Knossospalast. Frühstück gibt's gegenüber im Bistro Crossi.

Zentrum-Ost | Nürnberger Str. 1 | Straßenbahn: Johannisplatz | Tel. 2 11 09 00 | www.schlafgut-leipzig.de | 35 Zimmer | 🐕 | €

Steigenberger Grandhotel Handelshof　🚩 D 2

Mittendrin – Der 1908 bis 1909 erbaute Handelshof war das zweite Mustermessehaus der Stadt. Am Naschmarkt gelegen, befindet sich mitten in der City. 2011 eröffnete in seinen Räumen das Grandhotel Steigenberger. First Class bei Lage und Komfort, dazu Fitness, Spa, Brasserie und Veranstaltungsräume.

Zentrum | Salzgäßchen 6 | Straßenbahn: Hauptbahnhof | Tel. 3 50 58 10 | www.steigenberger.com/leipzig | 177 Zimmer | 🚹 | 🐕 | €€€€

The Westin　🚩 D 1

Panoramablick – Die 29-geschossige Fassade, Landmarke der nördlichen Innenstadt, ist betont schmucklos. The Westin bietet gehobenen Komfort mit Gastronomie. Zimmer und Suiten haben dezente Farbgestaltung und modernstes technisches Equipment. Aussicht und Rundblick über Stadtzentrum, Zoo und Parkanlagen.

Zentrum-Nord | Gerberstr. 15 | Straßenbahn: Hauptbahnhof | Tel. 98 80 | www.westin-leipzig.de | 447 Zimmer | 🚹 | 🐕 | €€€

Weitere empfehlenswerte Adressen finden Sie im Kapitel **LEIPZIG ERKUNDEN**.

Preise für ein Doppelzimmer mit Frühstück:

€€€€	ab 250 €	€€€	ab 150 €
€€	ab 100 €	€	bis 100 €

ESSEN UND TRINKEN

Als Messestadt war Leipzig von jeher international, auch in kulina-
rischer Hinsicht. Doch ebenso wird die sächsische Küche mit ihren
bodenständigen Spezialitäten gepflegt. Und die berühmten Leipziger
Lerchen genießen heute sogar Tierfreunde ganz ohne Gewissensbisse.

Sachsen findet sich im Delikatessenführer der Welt nur in Fußnoten verzeichnet. Und doch kreierte Leipzig Spezialitäten, die über Land und
über See gegessen wurden. Allein im Jahr 1720 verkaufte man an den
Leipziger Stadttoren über 400 000 **Leipziger Lerchen**. Während der Messe wurde diese Delikatesse alljährlich in hohen Stückzahlen zubereitet
und bis nach Amerika verschickt. Die lieblichen Sänger des Feldes waren
in ihrer Existenz bedroht, und der König ließ im Jahre 1876 deren Jagd
verbieten. Die Bäckerinnung nutzte den frei gewordenen Markennamen
und servierte fortan ein zartes, auf der Zunge zergehendes Mürbeteigge-
bäck mit Marzipanfüllung, dessen Form an ein Vogelnest und die ge-
kreuzten Beinchen der Lerchen erinnert. Die Leipziger Bäcker waren für
die Süßspeise berühmt, heute sind es insbesondere das **Café Kandler** mit
mehreren Filialen und das **Café Corso** in der Brüderstraße.

◄ Eine lokale Spezialität sind die feinen Leipziger
Lerchen (► S. 26) aus Mürbeteig und Mandeln.

TYPISCH LEIPZIG: VON GEMÜSE UND GOSE

Leipziger Allerlei findet sich heute in der Tiefkühltruhe jedes Super-
markts – ein Gemüsegericht, das als Suppe oder Beilage serviert wird. Ins
Allerlei kommt, was die Gegend hergibt: Erbsen, Möhren, Spargel, Mor-
cheln. Manchmal gibt der Koch grüne Bohnen, Blumenkohl, Brokkoli
und Kohlrabi hinzu. Doch vor allem gehören Flusskrebs, Krebsbutter
und Semmelklößchen darein. Wenn diese nicht auf der Zutatenliste verzeichnet sind, ist's Etikettenschwindel und keinesfalls das echte Leipziger
Allerlei. 1745 wurde die Speise erstmals erwähnt und galt als Arme-Leute-
Essen. Diese »einfache Brühe« servierten hiesige Behörden unliebsamen
Gästen: »Verstecken wir den Speck und bringen nur noch Gemüse auf
den Tisch, sonntags vielleicht ein Stückchen Mettwurst oder ein Krebs-
lein aus der Pleiße dazu ... und all die Bettler und Steuereintreiber werden
sich nach Halle oder Dresden orientieren.« Bekannt für einheimische
Küche sind **Barthels Hof** (Hainstr. 1), **Thüringer Hof** (Burgstr. 19) und
Zill's Tunnel (Barfußgässchen 9). Das Leipziger Allerlei ist auf den Spei-
sekarten saisonabhängig zu finden, denn frisch zubereitet entfaltet es erst
seinen wirklichen Geschmack.
Man trinkt in Leipzig nicht wie anderswo. Die **Gose**, ein obergäriges Bier,
wurde früher aus Weizen und wird jetzt aus Weizen plus Hopfen plus
Gerste oder Gerstenmalz gebraut. Sie ist nicht lange haltbar und enthält
mehr Milchsäure als andere Biere. Tatsächlich besitzt die Gose Eigenar-
ten. Sie entspricht nicht dem deutschen Reinheitsgebot, nennt sich jedoch trotzdem Bier. Von Goslar kommend soll sie der »Alte Dessauer«
Leopold I. 1738 nach Leipzig gebracht haben, weil ihm das hiesige Bier
nicht schmeckte. Um 1900 war Gose das Nationalgetränk der Messestäd-
ter. Kriegswirren und Planwirtschaft brachten der Gose das Vergessen.
Lothar Goldhahn und Hartmut Hennebach servierten sie wieder ins Be-
wusstsein. Doch ist der Geschmack der Gose gewöhnungsbedürftig, so
wird sie auch gemixt getrunken: Die Damen geben ihr Brombeerlikör
hinzu (ähnlich Berliner Weiße), die Herren Allasch (ein livländischer
Kümmellikör, der seit 1830 in Leipzig hergestellt wird). Gose wird im
Leipziger Land wieder an verschiedenen Orten gebraut und in manchem
Restaurant auch angeboten. Das **Gasthaus zum Bayrischen Bahnhof**
(Bayrischer Pl. 1) braut vor Ort und besitzt einen der schönsten Biergär-
ten der Stadt. Da sollte man probieren.

BESONDERE EMPFEHLUNGEN

Auerbachs Keller ⭐ 🔖 D 2

Legendär – In jenen Räumen ließ Mephisto Wein aus allen Tischen fließen. Zum fünftbekanntesten Restaurant der Welt schrieb es Johann Wolfgang Goethe durch den **Faust**. Ehedem führte ein Pförtchen von der Straße in den Keller, heute ist's ein prächtiger Eingang in der Mädler-Passage. Zwei Bronzeplastiken Mathieu Molitors säumen die Treppe: Faust-Mephisto-Gruppe und betrunkene Studenten. Im Inneren empfangen die historischen Räume, inklusive Hexenküche. Die Leipziger hatten beim Umbau 1912/14 Angst, dass ihre gastronomische Attraktion verschwände. Weit gefehlt: Anton Mädler baute aus. Geschichte und Legenden kann man sich vom Souvenirstand vor Ort mit nach Hause nehmen.

Zentrum | Grimmaische Str. 2–4 | Straßenbahn: Augustusplatz | Tel. 21 61 00 | www.auerbachs-keller-leipzig.de | tgl. 11.30–24 Uhr | €€

Falco 🔖 D 1

Über den Wolken – Im 27. Stock des Hotels Westin bietet Ihnen das Falco aus 100 m Höhe einen grandiosen Blick über die Stadt und ihre Türme. Spitze auch Koch und Speisekarte: Peter Maria Schnurr war im Gault Millau die Entdeckung des Jahres 2006 und erhielt 2009 seinen zweiten Stern vom Guide Michelin. »Mit leidenschaflicher Kreativität und Experimentierlust sucht der Sternekoch nach dem neuen, überraschenden Geschmackserlebnis und lotet so die Grenzen der klassischen Haute Cuisine immer neu aus. Das Ergebnis ist eine unprätentiöse,

souveräne Küche, modern bis futuristisch interpretiert.«

Zentrum-Nord | Gerberstr. 15 | Straßenbahn: Goerdelerring | Tel. 9 88 27 27 | www.falco-leipzig.de | Di–Sa ab 19, Lounge & Bar ab 18 Uhr | €€€€

Haus zum Arabischen Coffe Baum 🔖 D 2

Alter Kaffee – »Heeß, stork un sieße« muss der Kaffee sein beim Sachsen. Johann Lehmann vertraute dem neuen Getränk des Orients und ließ das geerbte Haus umbauen. Leider war Herr Lehmann zur Eröffnung 1719 bereits verstorben, seine Witwe führte den Laden gut und soll gar ein Verhältnis mit August dem Starken gehabt haben. Fest steht: Das Haus zum Arabischen Coffe Baum ist das älteste Kaffeehaus Deutschlands. Alle Berühmten und ihre Gäste haben dazumal darinnen gesessen. Von neuen Stars zeugt die Autogrammwand im Erdgeschoss.

Zentrum | Kleine Fleischergasse 4 | Straßenbahn: Thomaskirche | Tel. 9 61 00 61 | www.coffe-baum.de | Cafés und Museum tgl. 10–19, Restaurant tgl. 11–24 Uhr | €€€

Stelzenhaus 🔖 A 3

Im Wasser – Plagwitz galt nie als erste Adresse, im Viertel siedelte die Industrie. Das Stelzenhaus, das als Pfahlbau im Wasser des Karl-Heine-Kanals steht, diente als Verzinkerei und zur Wellblechfertigung. Das Gebäude erhielt Preise für seine Restaurierung. Heute ist das Stelzenhaus Restaurant und »orientiert sich an einer saisonalen und ausschließlich frischen Crossover Cuisine mit unverkennbar klassischen und internationalen Einflüssen«.

Plagwitz | Weißenfelser Str. 65 h |
Straßenbahn: Karl-Heine-/Gießerstraße |
Tel. 4 92 44 45 | www.stelzenhaus-
restaurant.de | Mo–Sa 10–1, So ab
9 Uhr | €€€

Zur Pleißenburg   D 2

Zu Hause – In der Pleißenburg treffen
sich Leipziger Nachtschwärmer. Warme Küche gibt's bis früh um Fünfe mit
allem, was Muttis Küche hergibt: von
Frikassee bis Schokopudding. Die Ge-
tränkekarte mixt die angesagten
Drinks, schenkt aber auch Bier zu moderaten Preisen aus. Die Kellnerinnen
servieren schnell und stets mit einem
persönlichen Wort. Mit Glück trifft
man in der Pleißenburg auf Leipzigs
Prominenz. Tierpfleger und Professor
Simoni aus der Sachsenklinik sind bereits gesehen worden. Nichtraucher at-
men im Winter drinnen schwer.
Zentrum | Ratsfreischulstr. 2 | Straßen-
bahn: Neues Rathaus | Tel. 9 60 25 63 |
tgl. 9–5 Uhr | €

Heeß, stork, sieß

»Ohne Gaffee genn mir nich gemp-
fen«, meinten einst die sächsischen
Krieger. Im Haus zum Arabischen
Coffe Baum beweist das Kaffee-
Museum im zweiten Stock, dass
Sachsen die Kaffee-Kultur hochhält
(▶ S. 12).

Weitere empfehlenswerte Adressen finden Sie
im Kapitel **LEIPZIG ERKUNDEN**.

Preise für ein dreigängiges Menü:

€€€€	ab 60 €	€€€	ab 30 €
€€	ab 20 €	€	bis 20 €

Die Gaststätte Auerbachs Keller (▶ MERIAN TopTen, S. 28) gelangte durch Goethes Faust zu
literarischen Ehren, der dortige Goethe-Keller erweist dem großen Dichter seine Reverenz.

Grüner reisen
Urlaub nachhaltig genießen

Wer zu Hause umweltbewusst lebt, möchte vielleicht auch im Urlaub Menschen unterstützen, denen ein verantwortungsvoller Umgang mit der Natur am Herzen liegt. Empfehlenswerte Projekte, mit denen Sie sich und der Umwelt einen Gefallen tun können, finden Sie hier.

Grün ist Leipzig immer schon gewesen. Grün auch der Name: urbs lipzi – Lindenort. Mit Blick von oben auf die Großstadt erschaut man kaum Beton und Wüste. Grün bereits die Entscheidung von Bürgermeister Müller 1776, die Wehranlagen zu schleifen und die frei werdenden Flächen nie wieder zu bebauen. So besitzt Leipzig um die Innercity einen grünen Promenadenring. Feuchter Grund und Leipzigs Lage an den Flüssen ließen Flächen als Flutungsräume unbebaut. Eines der größten innerstädtischen Naturschutzgebiete besitzt die Stadt. Insgesamt sind 5900 ha Landschaftsschutzgebiet. Ein Grüngürtel, der die Stadt auf 30 km Länge durchzieht. Seit 1922 blieb die Burgaue naturbelassen, weiteres Land kam hinzu. Keine fünf Minuten, und man ist von jeder Wohnung im Grün. In Zentrumsnähe ist der Auenwald zum englischen Landschaftspark gestaltet, in lauen Sommernächten zum Grillen geschätzt. Leipzig ist fahrradfreundlich, und die Nachtagebaulandschaft bietet gut ausgebaute Radwege. Auch mit dem ÖPNV sind viele dieser Erholungsgebiete erreichbar. So der Cospudener See, die Riviera Leipzigs, mit 2 km Sandstrand. Ein Wasserweg ermöglicht Paddelbootfahrten (Motorboote nicht erlaubt!) bis ins Stadtzentrum. Am Markkleeberger See ist der Kanupark (Tel. 03 42 97/14 12 91, www.kanupark-markkleeberg.com, Rafting pro Person 38 €) Attraktion. Im Störmthaler See erinnert die künstliche Insel Vineta an die verschwundenen Dörfer und ist zu besichtigen (Tel. 03 41/14 06 60). Der Zwenkauer See wird mit 750 ha der größte des Neuseenlandes. Noch in Flutung kann man bereits auf halbem Wasserspiegel für 11 € Boot fahren (Tel. 03 42 03/9 93 65 28). Im Norden der Stadt bietet die Schladitzer Bucht, im Westen der Kulkwitzer See verschiedene Freizeitangebote. An vielen Stränden gibt es neben Umkleidekabinen auch Ferienwohnungen für einen mehrtägigen Aufenthalt. Die Wasserqualität der Tagebauseen war bei letzten Tests auf ersten Plätzen! Im Umland stößt man auf Bio-Bauernhöfe samt Pony, Pferd und Schweinegrunzen.

Auch innerstädtisch wird Leipzig grüner. Mehrere Initiativen wie »Pleiße ans Licht« und »Das grüne Rietzschkeband« holen die vergrabenen Flüsse wieder an die Luft, in diesem Umfeld entstehen neue Oasen, Ruhepole und Kinderspielplätze.

Leipzig ist die drittgrünste Stadt Deutschlands. Von Völkerschlachtdenkmal, City-Hochhaus und Rosentalturm kann jeder sich davon optisch überzeugen. Leipzig ist grün und wird natürlich immer grüner.

ESSEN UND TRINKEN

Annalinde ⚓ A 3

»Offener Garten Annalinde« nennt sich ein mobiler Nutzgarten, für den Nachbarn, Freunde, Interessierte Brachland in Anbaufläche wandelten und im Café vor Ort die Früchte anbieten, an manchen Abenden gibt's auch Kultur. Leipzig setzt auf seine Bürger: So kann man auf besitzlosen Streuobstwiesen ernten und verbilligt Saft pressen lassen. Auch der Connewitzer Stadtgarten war von Beginn an als ökologisch orientierter Schau-, Beratungs- und Erholungsgarten geplant. Nicht nur für Kleingärtner informativ.

– Annalinde | Plagwitz | Zschochersche Str. 12 | Straßenbahn: Felsenkeller | www.garten-leipzig.net, www.annalinde-leipzig.de | April–Oktober 15–20 Uhr – Connewitzer Stadtgarten | Kohrener/Burgstädter Straße | Straßenbahn: Hildebrandstraße | Tel. 3 06 51 14 | Mo–Do 9–18, Fr 9–12, So 15–18 Uhr

Macis ⚓ D 2

Nah an Markt und Neuem Rathaus präsentiert sich innerstädtisch Leipzigs großer Bio-Markt mit angeschlossenem Restaurant. Eingestellt auf Imbiss, Mahl und Mittagstisch speist der Kunde nicht nur zu stark frequentierten Zeiten hier gesund und kann aus Top-Angeboten wählen. Das Speisenangebot wechselt nach Saison.

Zentrum | Markgrafenstr. 10 | Straßenbahn: Neues Rathaus | Tel. 22 28 75 20 | www.macis-leipzig.de | Markt/Café: Mo–Fr 7–20, Sa 8–20 Uhr; Restaurant: Mo–Sa 8–14.30, 17.30–22.30 Uhr

EINKAUFEN
BIOWAREN
Naturkostladen Leipzig-Gohlis
🦋 nordöstl. C 1

Übersichtliche Anordnung einschlägiger Produkte, dazu eine freundliche Beratung.

Gohlis | Gohliser Str. 18 | Straßenbahn: Nordplatz | www.biowarenhaus.de | Mo–Fr 9.30–19, Sa 9–13 Uhr

WOCHENMÄRKTE
In der Stadt gibt es mehrere regelmäßig stattfindende Wochenmärkte (www.leipzig.de/freizeit-kultur-und-tourismus/einkaufen-und-ausgehen/maerkte/wochenmaerkte/), die sowohl Bio-Produkte wie Erträge aus der Region anbieten. Hier einige in touristischer Erreichbarkeit:

– Zentrum | Markt | Di/Fr 9–17 Uhr
🦋 D 2
– Zentrum | Richard-Wagner-Platz | Sa 10–16 Uhr
🦋 D 1/2
– Zentrum-Süd | Bayrischer Platz | Straßenbahn/S-Bahn: Bayerischer Bahnhof | Mi–Fr 9–17 Uhr
🦋 D 3
– Lindenau | Lindenauer Markt | Straßenbahn: Lindenauer Markt | Mittwoch/Freitag 9–16 Uhr
🦋 A 2

KULTUR UND UNTERHALTUNG
Hörspielsommer
🦋 B 2

Der Hörspielsommer lädt seit 2004 in den Richard-Wagner-Hain (am Elsterflutbecken Jahnallee), wo man auf Decke mit dem Picknickkorb Hörgenuss unter freiem Himmel erlebt und entscheiden kann, denn Wettbewerbe gehören zum Programm.

Waldstraßenviertel | Straßenbahn: Sportforum | www.hoerspielsommer.de

AKTIVITÄTEN
Auwaldstation
🦋 A 4/5

Den Auwald kennzeichnen Überschwemmungen und ein hoher Grundwasserspiegel. Nur besondere Pflanzenarten gedeihen in Trockenheit und Feuchte. Durch Besiedlung und Industrialisierung hat sich der Baumbestand verringert und verändert. Vor allem im Frühjahr blüht der Auenwald: Scharbockskraut, Schlüsselblumen, Märzenbecher. Vom Buschwindröschen gibt's eine nur hier gedeihende Abart: Anemone lipsiensis. Nach deren Blüte folgt der Bärlauch, der den Boden dicht bedeckt und mit seinem Knoblauchgeruch nicht jedem Spaziergänger angenehm die Nase kitzelt. Doch traditionelle Leipziger Küchen haben in dieser Zeit eine Bärlauchsuppe auf dem Speiseplan. Einige Wasseradern sind für den Paddelbootverkehr wegen Brut- und Nistplätzen gesperrt. So brütet hier der Eisvogel wieder. Knapp 5000 ha des Auwalds sind als europäisches Vogelschutzgebiet ausgewiesen.

Lützschena | Schlossweg 11 | Straßenbahn: Lützschena (10 Min. Fußweg) | Tel. 4 62 18 95 | www.auwaldstation.de | Mo–Fr 9–16, April–Okt. Sa/So und Feiertag 12–18, Nov.–März Sa/So und Feiertag 10–16 Uhr

Botanischer Garten
🦋 E 3

Als Medizingarten wurde er fürs Praxisstudium angelegt. Er ist der älteste Botanische Garten in Deutschland.

Mehrmals hat er seinen Standort in der Stadt gewechselt und präsentiert heute neben der Freiluftanlage und den Gewächshäusern ein Schmetterlingshaus. Hier landen die bunten Falter schon mal auf der Haut. Die Pflanzenvielfalt ist kein Selbstzweck, Forschungsarbeit wird geleistet. Mehrere Projekte widmen sich Treibhauseffekt, Biodiversität und Pharmazie. Ein unvermuteter Ruhepol mitten im Stadtleben.

Zentrum-Ost (Graphisches Viertel) | Linnéstr. 1 | Straßenbahn: Liebigstraße | Tel. 9 73 68 50 | www.uni-leipzig.de/bota | Jan./Febr./Nov./Dez. 9–16, März/April/Okt. 9–18, Mai–Sept. 9–20 Uhr

Umweltbibliothek Leipzig D 5

»Von den Bäumen fielen in Mölbis zur Frühlingszeit schon gelbe Blätter mit Brandlöchern.« Um Mölbis, dem damals dreckigsten Ort der DDR, herum wird bis heute Kohle gebaggert. Der Tagebau Vereinigtes Schleenhain ist derzeit Europas größter, das moderne Braunkohlekraftwerk Lippendorf neue Landmarke des Leipziger Südraums. Seine Kühltürme besitzen die doppelte Höhe des Völkerschlachtdenkmals. Umwelt und Naturerhalt war und ist in Leipzig notgedrungen Thema. So gründete sich bereits 1988 in der kirchlichen Oppositionsbewegung der DDR die Umweltbibliothek, um über das staatlich tabuisierte Thema zu informieren.

Connewitz | Bernhard-Göring-Str. 152 | Straßenbahn: A.-Hoffmann-/R.-Lehmann-Straße | Tel. 3 06 51 80 | www.umweltbibliothek-leipzig.de | Mo–Do 9–18, Fr 9–12 Uhr

Zwischengrün

Das Projekt Zwischengrün bietet Exkursionen, Radtouren und Spaziergänge nicht im herkömmlichen Sinne, sondern als künstlerisch gestaltete Ausflüge: Entdeckungen von Tropengarten bis Flüstertour.

www.kreatives-leipzig.de

Bei einem Besuch des Botanischen Gartens (▶ S. 32) kann man im Schmetterlingshaus auf Tuchfühlung mit den hübschen, filigranen Faltern gehen.

EINKAUFEN

Die Leipziger Innenstadt ist eine einzige Shoppingverführung. Noble Passagen und Höfe im Gründerzeitstil laden zum Flanieren und Schauen ein. Auch die schicken Einkaufspromenaden im Hauptbahnhof bieten ungetrübtes Einkaufsvergnügen bei jedem Wetter.

Für den Handel günstig war Leipzig nicht. Zunächst lag nur eine Burg im Sumpf der Tieflandsbucht. Die Kaufleute gingen die Wege um **libzi** herum, bis Mönche im Morast einen Damm aufschütteten, den fortan auch die Händler nutzten. Nun war libzi die Kreuzung zweier Handelsstraßen: Die Reichsstraße via imperii führte von Skandinavien nach Italien, die Königsstraße via regia von Paris gen Moskau. An solchem Knoten ist gut halten für Verkauf und Einkauf. Die urbs libzi erhielt im Jahr **1165 Stadt- und Marktrecht**, 1497 das Messeprivileg von Kaiser Maximilian I. und entwickelte sich zur Reichsmessestadt: Pelze, Bücher, Druckmaschinen – Leipzig war bekannt für Handel, Muster und Messe.

Auch heute gibt es Messen, auch heute ist Leipzig Handelsort. Und natürlich ist in einem solchen immer gut einzukaufen. In den alten Handelshöfen und Mustermessehäusern des Stadtzentrums bieten eine Vielzahl von

◄ Zu den gehobenen Einkaufsadressen der Stadt zählt die Mädler-Passage (▶ S. 35, 63).

Läden, Boutiquen und Märkten Waren feil. Zu den bekannten zählen **Mädler-Passage, Steibs-** und **Speck's Hof.** Renoviert präsentieren sich die Gründerzeitgebäude in neuem Glanz mit exquisiten Ladenzeilen.

EDLE PASSAGEN UND EINKAUFSPROMENADEN

Das **Passagensystem** ⭐ Leipzigs entstand im Mittelalter, als die Deichseln der Planwagen noch nicht wenden konnten. Deshalb baute man die Handelshäuser als Durchhöfe mit Ein- und Ausfahrt. Sichtbar noch am **Barthels Hof,** Leipzigs ältestem. Hier weisen die kleinen Läden mit Handwerkszeichen auf sich hin. Das Restaurant gleichen Namens bietet traditionelle heimische Küche. Im Leipziger **Hauptbahnhof** ⭐, Europas größtem Kopfbahnhof, haben unter dem 300 m langen Querbahnsteig die knapp 150 Geschäfte seiner Einkaufspromenaden bis 22 Uhr geöffnet. Neu präsentieren sich **Kretschmanns Hof, Marktgalerie** und die **Höfe am Brühl** sowie die Universität mit kommerzieller Nutzung ihres Erdgeschosses. Zu einem Bummel außerhalb dieser Einkaufscenter und -passagen laden die Geschäfte in der Nikolai-, Peters-, Hain- oder Grimmaischen Straße. In den **Rathausarkaden** (Markt 1) befinden sich städtische Markennamen wie die Bachmannsche Buchhandlung, Bodo Zeidlers Meißner Porzellan oder das Grafik-Antiquariat Könitz. Dienstags und freitags verkauft davor der Wochenmarkt.

Auch außerhalb der Innercity haben sich Zentren einen Namen gemacht. In der Satellitenstadt Grünau heißt's **Allee-Center,** in Gohlis die **Gohlis-Arkaden. Eutritzscher Centrum, Axis-Arkaden, Paunsdorf-Center** – fast jeder Stadtteil konzentriert Geschäfte unter einem Dach und Namen. Die Südvorstadt bietet neben den Kneipen auf der Karl-Liebknecht-Straße auch diverse Läden mit eigenem Ambiente, ebenso die Könneritzstraße im Stadtteil Schleußig.

Auf großen Flächen umsäumen Einkaufsparks mit Möbel- und Bekleidungshäusern, Bau- und Gartenmärkten die Stadt. **Nova Eventis** an der A 9 ist einer der ersten des neuen Deutschlands und Legende und bietet neben Shopping-Vergnügen Kino, Spiel und gutes Essen. Kleiner, aber ebenso vielfältig sind **Sachsen-Park** und **Löwen-Center.** Doch das Angebot ist Standard, und die Architektur zeigt die weltweit üblichen Einheitsfassaden aus Glas, Beton und bunten Neonlichtern. Insofern: zurück in die City oder auf Ausflug in die Kleinstädte ringsum.

BESONDERE EMPFEHLUNGEN
BÜCHER
Connewitzer Verlagsbuchhandlung
D 2

Peter Hinke widmet sich vor allem der heimischen Szene und Mundart: Andreas Reimann, Bernd Jentzsch, Lene Vogt. Auch erscheint bei ihm alljährlich die »Tippgemeinschaft«, das Buch der Studierenden am Literaturinstitut. Allein der Laden weckt die Stöberlust.

Zentrum | Schuhmachergäßchen 4 (Speck's Hof) | Straßenbahn: Augustusplatz | www.cvb-leipzig.de | Mo–Fr 10–20, Sa 10–17 Uhr

Whodunnit???
B 4

Leipzig ist kriminell, das beweisen nicht nur »Tatort« und die »SoKo Leipzig«. Mehr als 250 Krimis sind mit der Stadt verbunden. Hitchcock ließ hier vor Ort spielen wie auch Jo Nesbø und Arnaldur Indriðason. Auch heimische Autoren wie Hans Walldorf (alias Erich Loest), Hans Pfeiffer, Hansjörg Martin und Gunter Gerlach schrieben Krimis. Buchhändler Hans Kohlmann der Krimibuchhandlung kennt sie alle.

Schleußig | Könneritzstr. 67 | Straßenbahn: Stieglitzstraße | www.whodunnit-krimis.de | Mo–Fr 10–18, Sa 9.30–12 Uhr

COUTURE
Silke Wagler Couture
D 2

Was man trägt, ist individuell. Silke Wagler zieht Menschen an: elegant, geschmackvoll, mutig. 1993 eröffnete die gelernte Maßschneiderin ihr erstes Atelier, jetzt zeigt sie ihre Mode mitten im Stadtzentrum. Nicht nur bei Leipziger Prominenz nimmt die Designerin Maß, ihr Ruf ist weit über die Stadt bis hin zum Film gedrungen.

Zentrum | Thomaskirchhof 20 | Straßenbahn: Thomaskirche | www.silke-wagler.de | Mo–Fr 10–19, Sa 11–16 Uhr

KAFFEE
GANOS Kaffee-Kontor
D 2

Am Dittrichring weht oft Kaffeeduft in die Nase. Im Kaffee-Kontor wird geröstet. 20 bis 30 Sorten aller Welt sind stets im Angebot. Neben den reinen Kaffees bietet das Unternehmen auch eigene Aromen: Cantato, Leipziger Mischung Ganos oder Haselnuss. Vor Ort kann man sich den Kaffee brauen lassen und genießen. Ein Praliné oder eine Leipziger Lerche runden die Pause vollmundig ab.

Zentrum | Dittrichring 6 | Straßenbahn: Thomaskirche | www.ganos.de | Mo–Fr 10–20, Sa 10–18 Uhr

KINDER
Hermann Modellbahnen
D 2

Was auf Schiene und Straße fährt, gibt es auch in Klein. Modelleisenbahnen haben nichts von ihrem Reiz verloren, und der Fachmann ist bestrebt, seine kleine Welt noch zu vervollkommnen. André Hermann steht dabei zur Seite von Markennamen bis zu Material für Reparatur und Neubau. Ein Paradies – nicht nur für Modellbahnfreunde.

Zentrum | Burgstr. 4 | Straßenbahn: Thomaskirche | www.hml24.com | Mo–Fr 10–18, Sa 10–14 Uhr

Maulwurfshop
D 2

Generationen hat der kleine Maulwurf begeistert. Gern nimmt Kind und großes Kind ihn mit ins Bett, liest von seinen Abenteuern. Die Bücher erscheinen im Leipziger Kinderbuchverlag leiv (www.leiv-verlag.de). Alles vom

Tier und seinen Freunden bietet der Shop: Plüsch und Schulheft, Tasse und Hörspiel, Füller und Socken (bis Größe 43!). Man kann in Ruhe graben.

Zentrum | Höfe am Brühl/UG | Straßenbahn: Goerdelerring | www. maulwurfshop.de | Mo–Sa 10–21 Uhr

LEBENSMITTEL UND HAUSHALT
Allerlei  D 2

Stellte die DDR die Werbung auch 1973 ein, so überlebten doch die Markennamen ihr Ende: Badusan, Rondo und Spee, Moccabohnen, Liebesperlen, Fit, Nützliches aus Elaste, Plaste, Dederon. Herrlich hässliche Bowlekellen sind im Angebot – im Kultladen für DDR-Artikel werden Ostalgiker fündig.

Zentrum | Nikolaistr. 39–45 | Straßenbahn: Hauptbahnhof | www.allerlei-ost-produkte.de | Mo–Sa 10–19 Uhr

MODE
Mrs. Hippie D 3/4

Die Vorliebe für Asien und Woodstock ist der Kleidung anzusehen. Engagierte machten nach der Wende ihre eigene Mode, unabhängig von Konzernen und Ketten. Seit 1995 auf dem Leipziger Feinkostgelände ansässig, präsentiert sich Mrs. Hippie mittlerweile in mehreren Orten. Bedruckte Viskose, Cord oder Öko-Baumwollstoffe finden Formen, die man vergessen glaubte, wie Schlaghose oder Hosenrock.

Südvorstadt | Karl-Liebknecht-Str. 36 (Feinkostgelände) | Straßenbahn: Südplatz | www.hippie.de | Mo–Fr 10–19.30, Sa 10–17.30 Uhr

Weitere Geschäfte und Märkte finden Sie im Kapitel LEIPZIG ERKUNDEN.

Das GANOS Kaffee-Kontor (▶ S. 36) ist ein kleines Paradies für leidenschaftliche Kaffeetrinker, von den verschiedenen Sorten der Rösterei kann man auch vor Ort gleich kosten.

KULTUR UND UNTERHALTUNG

Leipzig ist die Stadt der heiteren Muse. Kaufleute und Messegäste wollten nach Handelsschluss nicht schwere Kost, sondern Unterhaltung. So war Leipzig seit je eine Hochburg von Kabarett und Varieté. Auch heute pflegen acht Bühnen diese Kunst.

Der ehemalige **Krystallpalast** fasste 15 000 Besucher, die sich in Zuschauerraum, Bars, Salons, Cafés, Lokalen und Kleinkunstbühnen vergnügten. Der beeindruckende Bau wurde jedoch im Bombenhagel 1943 zerstört. Heute gibt es ihn gleichen Namens kleiner wieder, in **Krystallpalast** und **Palmengarten** pflegt man die Revue mit Künstlern aller Sparten. Im Nachkrieg brachte die **Pfeffermühle** in die DDR Humor, heute gilt Leipzig als ein Zentrum deutschen Kabaretts: **Academixer**, **Funzel**, **Centralkabarett**, **Brett'l**, **Sanftwut**. Selten ist die Dichte solcher Kunst so hoch: pro 60 000 Einwohner ein Kabarett!

Von sich reden wie zu Lortzings Zeiten macht Leipzigs **Opernbühne** heute nicht. Doch wurde sie im neuen Deutschland zweimal Oper des Jahres. Das **Gewandhausorchester** 🌟 begleitet die Handlung hier wie in der **Musikalischen Komödie**. Konzerte gibt es vom ersten bürgerlichen Or-

◄ Ein musikalisches Aushängeschild der Stadt
ist das Gewandhausorchester (► S. 38, 65).

chester Deutschlands im **Neuen Gewandhaus**, in dem auch das **MDR-Sinfonie-Orchester** seine Heimstatt hat. Crossover der Stile U und E sind keine Seltenheit. Klanglich innovativ erweist sich die Stadt auch jazzig und a capella, dieser Musik widmen sich mehrere Festivals, viele kleine Bühnen pflegen solche Konzerte und Sessions. Auftrittsflächen hat die Stadt aller Orten und eine bewegte Freie **Szene** ⭐. Die Terminseiten der Stadtmagazine sind randvoll. Ob Theater, Pop und Rock, Vocalensemble, Lesung, Vortrag oder Pantomime, die Entscheidung, wohin wann auszugehen, fällt schwer. Kulturadresse ist fast jede Kneipe, denn die meisten besitzen Podien für den kleinen Auftritt.

Das Alte Theater zerstörte der Krieg, so eröffnete 1957 in einem umgebauten Varieté-Theater das **Schauspielhaus**. Am Lindenauer Markt residiert das **Theater der Jungen Welt**, eingetragene Bühne für Kinder und Jugendliche. Innovatives Theater, das auch im Klassenzimmer auftritt. Eine Vielzahl freier Gruppen bespielt weitere bekannte und weniger bekannte Bühnen: **Lofft**, **Westwerk**, **Westflügel** oder **naTo**. Im Sommer zieht die Kunst ins Grüne und präsentiert sich in Parks oder auch Hinterhöfen. Auch des Sommers unter freiem Himmel: Freiluftkino auf der **Pferderennbahn**, in der **Feinkost** oder andernorts. Die festen Lichtspielhäuser sind gut in der Stadt verteilt von Multiplex bis deziediertem Filmkunsttheater. Mit etwas Suche kann man sich jeden Tag und Abend individuell gestalten. Von Polstersessel bis Holzbank, von Lachnummer bis Klassikervorstellung – überall ist Platz zu nehmen. Voll die Vielfalt und keine Frage: Leipzig ist Kulturstadt der Spitzenklasse!

BESONDERE EMPFEHLUNGEN
CLUBS, KNEIPEN UND MUSIKLOKALE

GeyserHaus   ⚡ nördl. D 1

Johann Gottlieb Geyser war Kupferstecher, dessen Werk auch Goethe lobte. Sein Haus jedoch verfiel im Sozialismus, Privatinitiative rettete die Substanz. 1991 gründete sich ein Verein, der für Kultur verantwortlich ist: Konzerte, Kurse, Projekte. Zum romantischen Fachwerkbau gehört eine Kneipe und die Freilichtbühne im Bretschneiderpark. Als Insidertipp für innovative Musik gilt der **Unterrock**, die Bühne im Geyserhauskeller.

Eutritzsch | Gräfestr. 25 | Straßenbahn: Mosenthinstraße | www.geyser haus.de

Moritzbastei   ⚡ D 2

Die Gewölbe der Wehranlage wurden nach dem Zweiten Weltkrieg zugeschüttet. Studenten (u. a. Angela Merkel) gruben sie von 1973–1982 wieder aus. Seit ihrer Eröffnung steht die **MB** für unkonventionelle Kultur. Die Breite der Veranstaltungen ist verblüffend von Slam bis Kammerkonzert und Disco. Es ist Europas größter Studentenclub, doch offen für alle Altersklassen. Legendär: das Sommertheater im Hof.

Zentrum | Universitätsstr. 9 | Straßenbahn: Roßplatz | www.moritzbastei.de | Café Mo–Fr ab 10, Sa ab 12, So ab 9 Uhr

Wollen Sie's wagen?

Paar-Radrallye für Schlaue
Alljährlich ruft die studentische Einrichtung Moritzbastei (▶ S. 39) zur zweisamen Rad-Rallye. Nicht nur der kräftige Tritt des Paares ist gefragt, auch Logik, Körperbeherrschung und Orientierungssinn. Immer im Juni. Anmeldung notwendig. Schöne Siegesfeier mit schrägen Preisen.
www.moritzbastei-ev.de/fahrrad.html

KINO

Cineding ▶ A 3

Das kleine Filmkunsttheater zeigt Klassiker der Branche und entdeckt immer wieder neben dem Kommerz produzierte Highlights.

Lindenau | Karl-Heine-Str. 83 | Straßenbahn: Karl-Heine-/Merseburger Straße | www.cineding-leipzig.de

Passage Kinos ▶ D 2

Das Mustermessehaus **Jägerhof** wurde 1914 eingeweiht, 1915 eröffnete in ihm das UT Hainstraße, ein Lichtspieltheater, das alsbald zum Filmpremierenthe-

ater avancierte. Die DDR nannte das Kino »Filmtheater der Freundschaft«. Die vier Säle bieten neben Blockbustern Außergewöhnliches wie »Queerblick« und »Preview for Kids«.

Zentrum | Hainstr. 19 a | Straßenbahn: Goerdelerring | www.passage-kinos.de

LESUNGEN

Haus des Buches ▶ E 2

Als einer der ältesten Wirtschaftsverbände gründete sich 1825 in Leipzig die Buchhändlerbörse und baute sich ihr eigenes Haus. Die Bomben des Zweiten Weltkriegs zerstörten es. An gleicher Stelle platzierte man das Literaturhaus Leipzig. Wenngleich baulich prämiert, schreckt es mit Hörsaalcharakter und gläserner wie klinkerner Kälte. Lohnend ist der Besuch jedoch bei Stars der Literaturszene und dem MDR-Literaturwettbewerb.

Zentrum-Ost | Gerichtsweg 28 | Straßenbahn: Gutenbergplatz | www.haus-des-buches-leipzig.de

OPER, KONZERT UND MUSICAL

Musikalische Komödie ▶ A 2

Bereits im 19. Jh. spielte man Sommertheater vor Leipzigs Toren. 1918 eröffnete in Lindenau ein Varietétheater, das ab 1944 der zerstörten Oper als Auftrittsort diente. Mit der Einweihung der Neuen Oper auf dem Augustusplatz hieß die Spielstätte fortan **Kleines Haus Dreilinden** und profilierte sich mit Operette, Musical und Lustspiel. Alsbald nannte sie sich Musikalische Komödie, diesem Konzept blieb sie zur Freude des Publikums bis heute treu.

Lindenau | Dreilindenstr. 30 | Straßenbahn: Lindenauer Markt | Tel. 1 26 12 61 |

www.oper-leipzig.de/musikalische-komoedie

THEATER UND KLEINKUNST

Academixer D 2

1961 wurde Peter Sodann und sein Studentenkabarett verhaftet. 1966 gründeten Leipziger Legenden wie Jürgen Hart, Christian Becher und Bernd-Lutz Lange die Academixer. 1980 erhielten sie eine eigene Spielstätte mit Kellerkneipe vis-à-vis der Universität. Auch wenn die Protagonisten wechselten, helle, krit'sch und heemdig'sch sind die Programme bis heute.
Zentrum | Kupfergasse 2 | Straßenbahn: Wilhelm-Leuschner-Platz | www.academixer.com | Kasse Mo–Fr 12 Uhr bis Veranstaltungsbeginn, Sa 13 Uhr bis Veranstaltungsbeginn; Kneipe tägl. ab 18 Uhr geöffnet

Inselbühne

Überall und nirgends – die Inselbühne ist ein Phänomen. Studenten der Theaterhochschule gründeten 1989 unter Inspirator Volker Insel ein Theaterprojekt, das sich aus gegebenem Anlass zusammenfindet. Ein festes Ensemble gibt es nicht, auch die Orte wechseln. Kennzeichnend für die Inszenierungen sind Witz, Parodie und tiefere Bedeutung. Kult. Sollte in naTo, Krystallpalast, Spiegelzelt, MB, Lofft oder anderswo das Label zu finden sein: Hin. Angucken. Wohlfühlen.
www.insel-buehne.de

Schauspielhaus D 2

In der Stadt verbrannte Caroline Neuber den Hanswurst. Goethe ließ Faust in Auerbachs Keller saufen. Schiller schrieb Don Karlos. Leipzig hat Theatertradition. Nach Jahren der Orientierungslosigkeit wird Theater fürs Publikum gemacht, versprach Intendant Enrico Lübbe. Spielplan und Gastspiele machen neugierig.
Zentrum/Schauspielviertel | Bosestr. 1 | Straßenbahn: Thomaskirche | www.schauspiel-leipzig.de | Kassenöffnung Mo–Fr 10–19, Sa 10–14 Uhr

Mehr vorm Abend 2

Vor dem Besuch von Konzerten im Gewandhaus und Aufführungen in der Oper ist eine Einführung in Musik und Handlung durch Musikwissenschaftler oder Dramaturgen sehr informativ und lohnend (▶ S. 12).

Westflügel A 3

Die ehemalige »Gesellschaftshalle zu Lindenau« überzeugt mit Jugendstilarchitektur und verfallendem Charme. Im Westflügel des Hauses begeistert das Figurentheater mit unkonventionellen Adaptionen und verschiedenen Mitmach-Aktivitäten. Dabei setzt der Westflügel nicht auf ein eigenes Ensemble, sondern auf ein internationales Netzwerk von Puppen- und Schauspielern, bildenden Künstlern und Musikern. Klassisch, modern, preisgeehrt. Bei den hier veranstalteten Ballnächten geht's nostalgisch-schräg zu.
Lindenau | Hähnelstr. 27 | Straßenbahn: Karl-Heine-/Merseburger Straße | www.westfluegel.de

Weitere empfehlenswerte Adressen finden Sie im Kapitel LEIPZIG ERKUNDEN.

FESTE FEIERN

*Zu jeder Jahreszeit ist in der Stadt etwas geboten. Im Frühjahr beglei-
tet ein spannendes Lesefest die Leipziger Buchmesse, im Sommer wird
der Marktplatz zur Freiluftbühne für Stadtfeste und Konzerte. Der
stimmungsvolle Weihnachtsmarkt beschließt den Jahreskreislauf.*

Feste gefeiert hat Leipzig immer schon. Bereits in frühen Messezeiten
richteten sich der Kultur- und Gaststättenbetrieb auf die Besucher ein.
Doch durch die Verschiebung von Universal- zu Branchenmesse im wie-
dervereinten Deutschland lösten sich die Feste allmählich vom Anlass
des internationalen Handels. Heute besitzt Leipzig überregionalen Ruf
für Festivals, seine Bewohner festigten ihr Image als perfekte Gastgeber.
Großveranstaltungen ließen die Reichs- und Staatsführungen oft vor Ort
stattfinden. Vor allem als Zentrum des Sports machte sich Leipzig einen
Namen. In sozialistischen Zeiten überrannten Tausende im Trainingsan-
zug Zentralstadion und Innenstadt und zeigten beim **Turn- und Sport-
fest** und den **Kinder- und Jugendspartakiaden** Grazie wie Muskeln. Mit
einem **Bachfest** ehrten Leipziger ihren Genius bereits im Jahre 1908.
Wagner, Mendelssohn-Bartholdy, Schumann sind Festwochen gewidmet.

◄ Trubel herrscht auf Leipzigs Kanälen und
Flüssen beim Wasserfest (► S. 44) im August.

Die Initiative **Notenspur** ⭐ (www.notenspur-leipzig.de) macht regelmäßig mit Events auf die Musikstadt aufmerksam. Notenspur heißt auch der
rund 5 km lange Rundweg, der die wichtigsten Wohn- und Wirkungsstätten berühmter Leipziger Komponisten miteinander verbindet. Die **Buchmesse** ist ohne das Lesefest **Leipzig liest** undenkbar. Das **Wave-Gotik-
Treffen** alljährlich zu Pfingsten ist weltweit das größte seiner Art, die
Leipziger haben die Szene mittlerweile in ihr Herz geschlossen und stellen Gästebetten und Vorgarten zur Verfügung. Regelmäßig wird der
Leipziger Marktplatz zur Freiluftbühne für Weinfest, Mittelaltermarkt,
Stadtfest oder klassische Musik wie bei den **Classic Open**. Dazu Kongres-
se, Tagungen und Treffen aller Art und Branche. Und stets haben sich die
Leipziger als hervorragende Gastgeber erwiesen.

MÄRZ

Leipzig liest

Vom Untergang der **Leipziger Buchmesse** spricht niemand mehr, das liegt
auch daran, dass diese Stadt Bücher ze-
lebriert. Keine mögliche Bühne, die in
diesen Tagen nicht von Autoren »bele-
sen« wird. Stars wie J.K. Rowling, DBC
Pierre, Hans Magnus Enzensberger
waren Gast. Hörspielnächte. Buchprei-
se. Lesemarathons. Die Comic-Szene
gibt der Messe ganz anderes und junges
Flair. Totgesagte leben länger!
Mitte März
an verschiedenen Orten | www.leipzig-
liest.de

Honky Tonk

Live-Musik von Reggae, Ska, Pop, Soul,
Blues, Funk, Beat, Salsa, Partymusik,
House, Swing, Boogie Woogie bis zu
Rock und Folk und andere Töne gibt es
zum eintägigen Festival-Termin in fast
jeder Kneipe. Einmal Eintritt, dann
zieht man von Band zu Band oder
bleibt bei einer sitzen. Bis in die frühen
Morgenstunden hinein.
Ende März
Kneipen und Clubs | www.honky-tonk.
de/leipzig

MAI

A-Cappella-Festival

Drei ehemalige und drei aktive Mitglieder des Thomanerchores gründeten 1992 das Vocalensemble **Amarcord**
und etablierten sich im Konzertgesche-
hen. 1997 riefen sie das A-Cappella-
Festival ins Leben, das seit 2003 alljährlich stattfindet. Mittlerweile fester
Bestandteil lädt es Newcomer und
Stars. Der ausgeschriebene Wettbe-
werb gibt jungen Künstlern die Möglichkeit, vor breitem Publikum Sanges-
kunst zu zeigen.
Mitte Mai
an verschiedenen Orten |
www.a-cappella-festival.de

Wave-Gotik-Treffen

Über 20 000 Fans der Szene zieht es zu Pfingsten in die Stadt. Sämtliche Veranstaltungshäuser richten ihren Spielplan danach aus: Das Varieté zeigt Splatter Punk, das Gewandhaus gibt Marschners Oper »Der Vampyr«. Vor der Moritzbastei ist der Laufsteg für die gewagtesten Kostüme. Ein Erlebnis!

Pfingsten
www.wave-gotik-treffen.de

JUNI

Leipziger Stadtfest

An diesem Wochenende brummt die Stadt: Buden, Konzerte, Bier und Bockwurst auf allen Straßen, Plätzen und Wiesen. Große Bühnen mit Programm auf Markt, Nikolaikirchhof und Burgplatz.

Anfang/Mitte Juni
City | www.leipzigerstadtfest.de

Bachfest Leipzig

Das heute international besetzte Festival, das sich der Musik des großen Meisters widmet, fand erstmals 1904 in Leipzig statt, seit 1999 jährlich.

Mitte Juni
www.bach-leipzig.de

JUNI–AUGUST

Sommertheater

Leipzigs Schauspielhaus, seine freien Theater, die Studenten präsentieren im Sommer ihre Kunst unter freiem Himmel. Die Orte wechseln, manche haben sich etabliert: Webers Hof, Gohliser Schlösschen, Grassimuseum. Auch in Park und Landschaft gibt es Stücke von Shakespeares Klassik bis zur Improvisation. Legendär die Inszenierungen der Moritzbastei.

AUGUST

Classic Open

Eine Privatinitiative führte zum Festival Classic Open. Auf dem Marktplatz klassische Musik zum Nulltarif. In den Abendstunden entern Orchester und Sänger die Bühne und präsentieren die klassischen Werke der Musikliteratur oder fast vergessene. Nachmittags lauscht man den Aufzeichnungen der Stars und ihrer Konzerte. Nahebei der Wein- und Bierschank mit Imbiss. Guter Grund, Freunde zu treffen und zu finden.

Anfang August
www.classic-open-leipzig.de

Leipziger Wasserfest

Die Stadt durchziehen Flüsse und Kanäle, Seen sind um sie herum entstanden. Im August pilgern 250 000 Besucher zu den Ufern. Jeder kann seine Idee und Aktivitäten einbringen: Bootsrennen, Schwimmen, Wasserwandern. Höhepunkt: das Entenrennen. Für eine Spende werden Tausende Gummienten zu Wasser gelassen.

Mitte August
www.wasserfest-leipzig.de

SEPTEMBER

Passagenfest

Die Leipziger City wird zur Kunst- und Kulturmeile, die Passagen und Kaufhäuser haben bis Mitternacht geöffnet.

Erster Freitag im September
www.passagenfest-leipzig.com

Leipziger Jazztage

Das renommierte, seit 1976 veranstaltete Festival ist international besetzt.

Ende September
www.jazzclub-leipzig.de

OKTOBER

Lachmesse

Leipzig ist deutschlandweit die Stadt mit der höchsten Kabarettdichte. Seit 1991 trifft sich die Szene alljährlich. Für den besten Act des Vorjahrs wird der **Löwenzahn** vergeben.

Mitte Oktober
überall | www.lachmesse.de

OKTOBER–NOVEMBER

DOK Leipzig

Seit 1955 treffen sich Filmer zum **Dokumentar- und Kurzfilmfestival** in Leipzig. Picasso gab sein Einverständnis, dass seine Friedenstaube der Preis für den besten Film wird. Goldene und Silberne Tauben werden vergeben.

Ende Oktober/Anfang November
Cinestar, Passage Kinos u. a. | www. dok-leipzig.de

NOVEMBER

euro-scene

Das **Festival zeitgenössischen europäischen Theaters** widmet sich seit 1991 vornehmlich Theaterexperimenten und innovativem Tanz. Die Grenzen zwischen Artistik, Konzeptkunst und Banalität verschwimmen.

Anfang November
Theaterhäuser | www.euro-scene.de

DEZEMBER

Weihnachtsmarkt

Der seit 1458 veranstaltete Leipziger Weihnachtsmarkt gehört zu den ältesten in Deutschland. Der weltgrößte Weihnachtskalender steht am Böttchergässchen. Es dreht sich ein historisches Etagenkarussell sowie ein 38 m hohes Riesenrad.

www.weihnachtsmarkt-leipzig.com

Zu einem viktorianischen Picknick im Clara-Zetkin-Park gesellen sich auch Teilnehmer des Wave-Gotik-Treffens (▶ S. 44) ganz ohne Berührungsängste.

MIT ALLEN SINNEN
Leipzig spüren & erleben

*Reisen – das bedeutet aufregende Gerüche und neue Geschmacks-
erlebnisse, intensive Farben, unbekannte Klänge und unerwartete
Einsichten; denn unterwegs ist Ihr Geist auf besondere Art und
Weise geschärft. Also, lassen Sie sich mit unseren Empfehlungen
auf das Leben vor Ort ein, fordern Sie Ihre Sinne heraus und erleben
Sie Inspiration. Es wird Ihnen unter die Haut gehen!*

◀ Romantische Gondelfahrten (▶ S. 47) sind auch im sächsischen Leipzig möglich.

AKTIVITÄTEN

Die kleinen Stinker ⚑ D 2

In DDR-Zeiten prägte er das Straßenbild: der Trabant aus Zwickau. Die Fahrzeugflotte der Saxonia Touristik darf mit Ausnahmegenehmigung auch in der Umweltzone rollen. Individuelle Touren sind möglich. Wahlweise erklärt ein Stadtführer per Funk die Sehenswürdigkeiten und hält die Kolonne beisammen und bei Laune.

Zentrum-Süd | Grünewaldstr. 3 | Straßenbahn: Roßplatz | Tel. 14 09 09 22 | www.saxonia-touristik.de/trabi

Eine Bootsfahrt, die ist lustig

Das Netz der Leipziger Wasserstraßen reicht bis ins Stadtzentrum. Olympiasieger in Kanu und Rudern trainieren hier. Auch selbst kann man die Boote steuern und die Flussläufe erkunden. Sportmuffeln stehen Planken zur Verfügung, die von echten Seemännern geführt werden. Und für alle Romantiker stellt das Ristorante da Vito original venezianische Gondeln samt original italienischen Gondolieri: Gesang wahlweise original oder sächsisch.

– Boot-Shop Herold | Schleußig | Antonienstr. 2 | Straßenbahn: Rödelstraße | Tel. 4 01 10 59 | www.bootsbauherold.de ⚑ B 4
– DHfK-Bootshaus | Schleußig | Klingerweg 2 | Straßenbahn: Klingerweg | Tel. 4 80 65 45 | www.bootstour-leipzig.de ⚑ B 3
– Ristorante da Vito | Plagwitz | Nonnenstr. 11b | Straßenbahn: Holbeinstraße | Tel. 4 80 26 26 | www.da-vito-leipzig.de ⚑ B 3

Fahrt mit Ritter, Grafen, Pharaonen 👫 ⚑ südwestl. A 6

Drachenritt und Buddeltanz, freier Fall und Wackelräder, Geschwindigkeiten bis 90 km/h, Fahrt durch Wasser oder

auf dem Kopf – alles ist möglich. Weithin sichtbar Europas größte Pyramide mit schnellem Abrutsch. Vor den Toren der Stadt im ehemaligen Braunkohletagebaugebiet lädt der Freizeitpark Belantis die Familien zum Vergnügen. Von der A 38 mit eigener Abfahrt »Neue Hart« perfekt erreichbar. Die Strände des Neuseenlandes liegen in unmittelbarer Nähe.

Zur Weißen Mark 1 | Bus 118 ab Knautkleeberg (= Endhaltestelle Straßenbahn 3) | Tel. 13,78 40 30 30 | www.belantis.de | April–Okt. in der Regel tgl. 10–18 Uhr

Im wilden Wasser ⚑ südöstl. F 6

Die Bewerbung Leipzigs als Olympiastadt scheiterte, doch ward als Wettkampfstätte der Wildwasserkanal am Markkleeberger See fertiggestellt. Nun trifft sich die Weltelite vor Ort. Und nicht nur die: Im Kanupark Markkleeberg ist nach Einweisung die Wildwasserfahrt jedem möglich. Echte Gaudi!

Markkleeberg | Wildwasserkehre 1 |
Straßenbahn: Markkleeberg/Virchow-
straße | Tel. 034297/141291 | www.kanu
park-markkleeberg.com

Pedale treten 🚩 D 1

Leipzig ist fahrradfreundlich. Durchs
Grün führen Wege über die Stadtgrenzen weit hinaus bis hin in die Wald-
landschaften von Dahlener und Dü-
bener Heide. Das Neuseenland liegt
vor den Toren und bietet ein gut ausgebautes Radwegenetz. Unweit liegen
Schänken, Gutshäuser und Schlösser
wie Ermlitz, Machern und Hubertus-
burg. In der City bieten Radwege neben der Fahrbahn Sicherheit. Achtung!
Die großen Einkaufsmeilen wie Grimmaische und Petersstraße sind zu den
Öffnungszeiten für Fahrräder gesperrt,
das Ordnungsamt kassiert. Legendär
ist die Fahrradrallye der Moritzbastei.
Fahrradverleih Eckert | Zentrum |
Kurt-Schumacher-Str. 4 | Straßenbahn:
Hauptbahnhof | Tel. 9 61 72 74 | www.
radfahren-in-leipzig.de

Treppauf, treppauf 🚩 D 2

Die Skyline Leipzigs dominiert das City-Hochhaus (Höhe mit Antennenträ-
ger 155,40 m). 1973 als »Weisheitszahn«
oder »Unirese« eröffnet, symbolisiert
das Gebäude wahlweise eine wehende
Arbeiterfahne oder ein aufgeschlage-
nes Buch. Im 29. Stock empfängt ein
Panorama-Restaurant. Alljährlich findet der Hochhauslauf statt, bei dem
sich Treppenläufer im Wettkampf messen. Natürlich sind die Stufen auch
ohne Titel zu ersteigen. Glück rauf!
Zentrum | Augustusplatz 9 | Straßen-
bahn: Augustusplatz | www.panorama-
leipzig.de

ESSEN UND TRINKEN

Schwarz vor Augen 🚩 D 1

»Schmecken – Riechen – Hören – Fühlen« ist der Werbeslogan des Dunkel-
restaurants Mondschein zwischen Innenstadtring und Zoo. Nachdem Sie
Menü und Speisenfolge gewählt, werden Sie von an Dunkelheit gewöhntem
Personal in den stockdunklen Speise-
raum geleitet. Danach ist nur noch mit
Koordination und Geschmack zu fassen, was Sie sich zu Munde führen.
Eine unvergessliche Erlebniswelt.
Zentrum-Nordwest | Pfaffendorfer
Str. 1 | Straßenbahn: Goerdelerring |
Tel. 26 45 30 30 | www.leipzig-dunkel
restaurant.de | Di–So ab 17 Uhr | Vorbe-
stellung wird empfohlen

KULTUR UND UNTERHALTUNG

Baden im Klang 🚩 D 2

Kretschmanns Hof verbindet als Passage die Hain- mit der Katharinenstraße.
Er ist eine erlebbare Station der Leipziger »Notenspur«. Unter der Klangdu-
sche hört man den historischen Sound
der Stadt und Werke eines Komponisten dieser Zeit. Per Knopfdruck erklin-
gen Johann Sebastian Bach und die
Pferdekutschen auf dem Markt im
18. Jh. Edvard Grieg lässt das beginnen-
de Industriezeitalter hören. Und mit
Bernd Franke ertönt jüngste Vergangenheit. Drunterstellen und sich be-
rauschen lassen.
Zentrum | Katharinenstr. 7 | Straßen-
bahn: Goerdelerring | www.kretsch
manns-hof.de

Lesen und lesen lassen

Die literarische Szene bietet Autoren
und anderen Textern Möglichkeiten,
eigene und Worte anderer vors Publi-

kum zu bringen. Lesebühnen gibt es in Leipzig jeder Couleur und vielerorten: Jeder, der den Mut gefunden, kann vors Mikro treten. Der Applaus kündet von Erfolg und Misserfolg. Neben diesen offenen Podien gibt es weitere ohne das Mitspracherecht des Publikums.

– STUK, »Texte an der Theke« | Zentrum-Süd | Nürnberger Str. 42 | Straßenbahn: Bayrischer Bahnhof | www.stuk-leipzig.de **D3**
– Plan B, »Lesebühne Stubenreim« | Zentrum-Süd | Härtelstr. 21 | Straßenbahn: Hohe Straße | Tel. 2 60 24 12 | www.plan-b-leipzig.de, www.stubenreim.de **D1**
– Noch besser leben, »Kneipenlyrik« | Plagwitz | Merseburger Str. 25 | Straßenbahn: Karl-Heine-/Merseburger Straße | Tel. 9 75 73 30 | www.kneipenlyrik.wordpress.com **A3**
– Goldhorn, »Größer als Godzilla« | Volkmarsdorf | Eisenbahnstr. 97 | Straßenbahn: Hermann-Liebmann-/Eisenbahnstraße **F1**

– Helheim, »Lesebühne« | Plagwitz | Weißenfelser Str. 32 | Straßenbahn: Felsenkeller | Tel. 8 70 63 76 **A3**

NATURERLEBNIS
Begreifbares Grün **E3**

Nach der Reformation legten Professoren einen Apothekergarten an, 2001 wurde die Tradition wieder aufgenommen. Auf rund 3000 qm werden mehr als 300 Arzneipflanzen, typische Heilpflanzen, Giftpflanzen und historisch interessante Arten gezeigt und dienen neben Publikum Fachleuten als Anschauungsmaterial. 2007 eröffnete vis-à-vis der Duft- und Tastgarten. Hier wachsen die Pflanzen auf Hochbeeten in Hüfthöhe und bieten Besuchern viele olfaktorische und taktile Reize – Naturerlebnis und sinnliche Erfahrung.

Zentrum-Südost | Friedenspark/Ostseite (Am Hospitaltor) | Straßenbahn: Ostplatz | Tel. 9 73 68 50 | www.uni-leipzig.de/bota | März/April/Okt. 9–18, Mai–Sept. 9–20 Uhr, Nov.–Febr. geschlossen

Anfassen und riechen erwünscht: Im Duft- und Tastgarten (▶ S. 49) sind die Pflanzen quasi höhergelegt, sodass man bequem schnuppern und fühlen kann.

LEIPZIG
ERKUNDEN

Moderne Kunst verhüllt das barocke
Romanushaus (▶ S. 131) im Zentrum.

EINHEIMISCHE EMPFEHLEN

*Die schönsten Seiten Leipzigs kennen am besten diejenigen,
die diese Stadt seit Langem oder schon immer ihr Zuhause nennen.
Drei dieser Bewohner lassen wir hier zu Wort kommen –
Menschen, die eines gemeinsam haben: die Liebe zu ihrer Stadt.*

Griseldis Wenner, 44

Die Moderatorin und Schauspielerin erzählt: »Mit meiner Heimat verbinde ich nicht nur Sprache, sondern auch Gefühl. Leipzig ist meine Arbeitsstadt und auch Erholungsort. Hier müssen Sie nicht stundenlang fahren, um im Grünen zu wandern oder auszuruhen. Blicken Sie einmal von **Völkerschlachtdenkmal** (▶ S. 118) oder City-Tower auf die Stadt: Natur, sehr viel Natur. Neben Parks und Auenwald faszinieren mich die Friedhöfe. Der **Südfriedhof** (▶ S. 15) beim Völkerschlachtdenkmal kopierte Wiens Begräbnisanlage und

ward als Naherholung bereits 1886 geplant. Und keine 400 m vom Uniriesen finden Sie Leipzigs älteste Grabstatt:

Leipzig aus der Vogelperspektive: Die Bildmitte nimmt das Völkerschlachtdenkmal (▶ MERIAN TopTen, S. 118) ein, davor erstreckt sich der Südfriedhof mit seiner Kapellenanlage (▶ S. 15).

den **Alten Johannisfriedhof** (▶ S. 130). Angelegt auf ehemaligem Hospitalgelände beherbergt er Personen der Geschichte: Goethes erste Liebe Käthchen Schönkopf. Deutschlands ersten Enzyklopädisten Friedrich Brockhaus. Mäzen Dominic Grassi. Familie Wagner. Maler Veit Hans Schnorr von Carolsfeld. Aufklärer Christian Fürchtegott Gellert. Hier finden Sie Ruhe im Großstadtgewühl und sind in namhafter Gesellschaft. Danach ins Grassimuseum (▶ S. 113) gleich nebenan.«

Peter Hinke, 48

Der Verleger und Buchhändler über erholsame und nahrhafte Pausen vom Alltagstrott: »Wenn mal wieder alles zu verkopft ist und zu stressig: dann auf zum Imbisswagen an der **Pferderennbahn** (▶ S. 17, 98)! Dort steht in der Woche (Mo–Fr meist bis 17 Uhr) ein wunderbar tätowierter Meister des Grills. Es gibt diverse Würste, Steaks und Buletten, leckeren Kartoffel- und Nudelsalat, manchmal auch Suppe. Es ist ein Kommen und Gehen. Das Publikum besteht aus Handwerkern, Möbelautofahrern, Omas, Joggern mit und ohne Hunden. Und so wird hier zu Salat und Wurst angenehm volkstümlich philosophiert, und jeder gibt seinen Senf dazu. Es schmeckt, und es erdet. Guten Appetit!«

Wolfgang Welter, 56

Der Brauer und Geschäftsführer erinnert an Historisches: »Natürlich bin ich stolz auf das Bier, das wir brauen. So wie wir heute trank das Krostitzer bereits Schwedenkönig Gustav Adolf, der im Dreißigjährigen Kriege hier verstarb. Des Königs Gesicht ziert unser

»Blicken Sie einmal von Völkerschlachtdenkmal oder City-Tower auf die Stadt: Natur, sehr viel Natur.«

Griseldis Wenner

Markenlogo. Auch die Helden der **Völkerschlacht** (▶ S. 118) werden Krostitzer getrunken haben. Und der Leipziger Stadtteil Liebertwolkwitz erinnert an die Schlacht und an das Sterben. Dazu wird der Ort, der damals hart umkämpft war, zurückversetzt ins Jahr 1813, wie es damals wirklich war. Alljährlich in Oktobertagen: Geschichte live, einschließlich der Soldaten und Mahlzeiten. Doch in Liebertwolkwitz kann sich der Besucher auch auf den Monarchenhügel stellen. Hier verweilten in der Völkerschlacht bei Leipzig am 18. Oktober 1813 die verbündeten Herrscher Kaiser Franz I. von Österreich, Zar Alexander von Russland und König Friedrich Wilhelm III. von Preußen und ›waren Zeugen der außerordentlichen Tapferkeit ihrer Truppen‹.«

ZENTRUM

Die Leipziger Innenstadt ist grün umgrenzt und misst in der Fläche kaum 48 ha. Vor allem Gründerzeitbauten prägen die Stadtland-schaft, heute oft sorgfältig saniert. Auf dem grünen Promenadenring, der die City umschließt, befand sich die Stadtmauer mit Wallgraben.

Bürgermeister Carl Wilhelm Müller ließ die Wehranlagen Ende des 18. Jh. schleifen und verfügte, dass die frei werdenden Flächen nicht bebaut wer-den durften. Nachfolgende Stadtväter hielten sich an diese Maßgabe. So zeichnen die entstandenen **Parkanlagen** die City in den mittelalterlichen Grenzen. In diese Promenaden, vis-à-vis des Hauptbahnhofs, setzten »Leipzigs dankbare Bürger« Carl Wilhelm Müller ein Denkmal.

LEIPZIG DREHT AM RAD DER WELTGESCHICHTE

Leipzigs Ring schrieb 1989 sogar Geschichte. Denn die Montags-Demons-trationen führten nach dem Friedensgebet in der Nikolaikirche um die Innenstadt herum. Die bis zu 300 000 Teilnehmer forderten eine andere Staatsführung der DDR und leiteten damit den Zusammenbruch des so-zialistischen Weltsystems ein. Auch mit der Disputation Martin Luther –

◄ Päuschen unter Kirschbäumen vor der Thomaskirche (► MERIAN TopTen, S. 59).

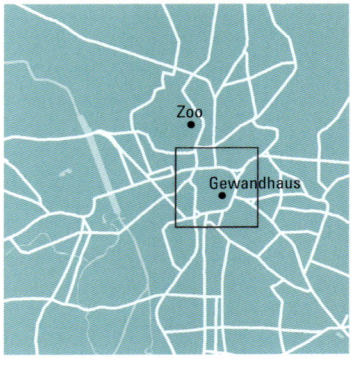

Dr. Johannes Eck im Sommer 1519 ging die Stadt in die Annalen ein, denn dieses Streitgespräch in der Pleißenburg dokumentierte erstmals die Unterschiede zwischen katholischer und reformatorischer Haltung. Sie manifestiert den Bruch zwischen den Lutheranern und Rom. Noch ein Datum der Weltgeschichte: Am 18. Oktober 1813 trafen die alliierten Armeen Russlands, Preußens, Österreichs und ihrer Verbündeten vor den Toren Leipzigs auf die napoleonischen Streitkräfte. Es kam zum Gemetzel der **Völkerschlacht**, der ersten großen Schlacht der Neuzeit. Über 120 Denkmale erinnern an die Gräuel, darunter die Landmarke des Völkerschlachtdenkmals von 1913.

STADT DER GRÜNDERZEITBAUTEN

Leipzig ist die Stadt der Gründerzeit und war nie übermäßig trauernd, wenn Althergebrachtes weichen musste. So zeugen wenige Stätten von Mittelalter und Barock: **Nikolai**- und **Thomaskirche** oder die **Alte Handelsbörse**. Einzig erhaltene Wehranlage ist die **Moritzbastei**, heute Europas größter Studentenclub. Wunden schlug der Abriss der Paulinerkirche im Mai 1968 – eine indoktrinierte Zwangsmaßnahme wohl auf Initiative Walter Ulbrichts, Staatsmann der DDR und Sohn der Stadt. Ende des 19. Jh. riss man überkommene Bauten ab. Sie entsprachen weder in Architektur noch Baustil der neuen Zeit. Dem Alliierten-Angriff in der Nacht zum 4. Dezember 1943, bei dem rund 2000 Menschen starben, fielen vor allem südöstliche Stadtteile zum Opfer sowie ein Drittel der Innenstadt. Im Stadtzentrum zeugen von der Zerstörung die Neubauten an Brühl und Reichsstraße oder **Oper** und **Neues Gewandhaus**. Die Bebauung der Gründerzeit blieb vielerorts erhalten. Die DDR investierte in die Bauten nichts, sodass der Spruch kursierte:»Ruinen schaffen, ohne Waffen!« Doch – so makaber es auch klingt – blieben die Häuser im Originalzustand bestehen. Keine Architekturmode hackte den Stuck von der Decke, keine Betonwände wurden eingezogen. Nach der Wende wurde viel restauriert. Leipzig hat heute die meisten denkmalgeschützten Häuser Deutschlands.

SEHENSWERTES

① Alte Handelsbörse   D 2

30 Großkaufleute bezahlten den Bau der Alten Handelsbörse, die 1678 als erstes Barockgebäude der Stadt eröffnet wurde. Für Verhandlungen nutzte man den Saal des zweiten Stocks, das Erdgeschoss vermietete man an Händler, so auch an August den Starken, der seine Bank hier unterbrachte. Im Zweiten Weltkrieg wurde das Gebäude zerstört, unwiederbringlich verschwanden Stuck und Deckenbemalung. Als eines der ersten Gebäude wird es wieder aufgebaut und 1962 übergeben und heute für Veranstaltungen genutzt, z. B. für die Hörspielnächte während des Festivals »Leipzig liest«. Vor der Börse steht Leipzigs berühmtester Student: Johann Wolfgang von Goethe, der zur Uni blickt, doch zu Auerbachs Keller läuft. »Wer nach Leipzig zur Messe gereist, ohne auf Auerbachs Hof zu gehen, der schweige still, denn das beweist: Er hat Leipzig nicht gesehn.« Naschmarkt 1 | Straßenbahn: Augustusplatz | www.leipzig.de

Freier Blick   ③

Am zentralen Marktplatz bieten die Terrassen mehrerer Restaurants besten Blick auf das Marktgeschehen (▶ S. 13).

② Altes Rathaus   D 2

Zwischen zwei Messen erbaute die Stadt in kaum neun Monaten ihr – heute Altes – Rathaus. Architektur und Leistung wird Hieronymus Lotter zugeschrieben, der zwar Verantwortung trug, doch seine Angestellten bauen

ließ. 1890 gab es Pläne zum Abriss des Gebäudes, es war für die große Stadt zu klein. Heute ist es Zeugnis der Renaissance und deren neuer Ästhetik. Eine der längsten Gebäude-Inschriften ziert den Giebel. Es beherbergt das Stadtgeschichtliche Museum (▶ S. 117).
Markt 1 | Straßenbahn: Hauptbahnhof/ S-Bahn: Markt | www.stadtgeschichtliches-museum-leipzig.de | Di–So, Feiertage 10–18 Uhr

③ Barthels Hof   D 2

Dieser Gebäudekomplex gibt Zeugnis der Durchhöfe alter Zeit. Da die Planwagen mangels Deichselgelenk nicht zu wenden vermochten, hatten die Leipziger Messehäuser Ein- und Ausfahrt für die Pferdefuhrwerke. Basis auch für das spätere Leipziger **Passagensystem** . Die Grundsteine für Barthels Hof wurden Mitte des 15. Jh. gelegt, überbaut im Barock 1750. Nach der Wende 1989 investierte Dr. Jürgen Schneider (dem einst 10 % der Innenstadt gehörten). Heute sind hier verschiedene Läden und ein Restaurant gleichen Namens, das sich heimischer Küche verpflichtet fühlt, untergebracht.
Hainstr. 1 | Straßenbahn: Thomaskirche | www.barthelshof.de, www.barthels-hof.de

④ City-Tunnel   D 1

Der 2013 fertiggestellte City-Tunnel verbindet die Kopfbahnhöfe Hauptbahnhof und Bayrischer Bahnhof. Die S-Bahn erhielt zwei innerstädtische Haltepunkte: Markt und Wilhelm-Leuschner-Platz. Die neuen Bahnhöfe wurden von verschiedenen Künstlern gestaltet.

Hauptbahnhof   D/E 1

1839 fuhr von Leipzig die erste Ferneisenbahn Deutschlands. Am Ausgangspunkt steht heute Europas größter Kopfbahnhof: 300 m langer Querbahnsteig, 16 Fußballfelder überdacht. Ehedem 26 Gleisanschlüsse. Im Zuge des Umbaus fielen drei davon Parkplätzen zum Opfer. 120 000 Passagiere pendeln täglich. Die Hauptbahnhof-Promenaden unterm Querbahnsteig bieten über 140 Läden Verkaufsfläche und haben meist bis 22 Uhr geöffnet. Zum Durchgangsbahnhof macht ihn der neue City-Tunnel, dessen Baukosten sich fast um das Vierfache erhöhten. Die Architekten William Lossow und Max Hans Kühne nannten ihren Entwurf von 1906 »Wahrheit, Klarheit, Licht und Luft«.

Willy-Brandt-Platz 5 | Straßenbahn: Hauptbahnhof | www.leipzig.de, www.promenaden-hauptbahnhof-leipzig.de |

Rundrum mit der 14   4

Die Linie 14 fährt im Kreis von Plagwitz nach Plagwitz. Wenn man am Westplatz zu- und aussteigt, bietet sie eine Sightseeing-Tour rund um die City (▶ S. 13).

Ladenpassagen Mo–Sa 9.30–22, So (ca. 80 Geschäfte) 13–18 Uhr

⑤ Mendebrunnen   🏳 D 2

Die ehrbare Kaufmannswitwe Marianne Pauline Mende († 1881) vererbte der Stadt ein Vermögen, damit sie einen schönen Brunnen baue. Leipzig tat es. Jakob Ungerer deutet im Stil der italienischen Renaissance die Kraft und Mächtigkeit des Wassers. Der rasende Reporter Egon Erwin Kisch (1885–1948) berichtete, dass die Stadt den Mut hatte, von einer Bordellbesitzerin Geschenke anzunehmen. Eine Lüge, doch seitdem bezeichnen Leipziger das Wasserspiel als Puffbrunnen.
Augustusplatz (vor dem Gewandhaus) | Straßenbahn: Augustusplatz

⑥ Neues Rathaus   🏳 D 2

Nach Plänen des Stadtbaumeisters Hugo Licht erbaute Leipzig auf den Grundfesten der Pleißenburg sein Neues Rathaus. Im Stil des Historismus zeugt es von der Gründerzeit. Mit 10 000 qm und 800 Büros ist es eines der größten Deutschlands, war jedoch zur Eröffnung bereits zu klein. So entstand direkt daneben das **Stadthaus**. Der Turm gilt laut »Guinness-Buch der Rekorde« mit 114,5 m als höchster Rathausturm der Welt. Die große Treppe zeigt in ihrer Ornamentik die Tierwelt vom Wasser bis zum Himmel, beschienen von der Sonne. Die Türklinken des Haupteingangs zieren Schnecken mit ihren Häusern, Hinweis, auf die gründliche Arbeit der Verwaltung: Wenn du zur Behörde gehst, wappne dich mit Geduld. Vor der Südwest-Fassade wurde 1999 das Carl-Friedrich-Goerdeler-Denkmal von Jenny Holzer und Michael Glier in den Boden eingelassen. Goerdeler war Leipzigs Oberbürgermeister und wurde als Mitverschwörer des 20. Juli 1944 hingerichtet.
Martin-Luther-Ring 4–6 | Straßenbahn: Neues Rathaus | www.leipzig.de | Mo–Do 8–18, Fr 8–15 Uhr

⑦ Neues Wagner-Denkmal 🚩   🏳 D 1/2

Mit seinem großen Sohn hat sich die Geburtsstadt bislang schwergetan. Zum 200. Geburtstag bekam der Komponist ein neues Denkmal. Auf einen Sockel von Max Klinger setzte Stephan Balkenhol den jungen Richard mit großem Schatten: bunt, assoziativ, diskussionswürdig.
Promenaden Goerdelerring | Straßenbahn: Goerdelerring | www.richard-wagner-leipzig.de, www.wagner-denkmal.com

⑥ Nikolaikirche   🏳 D 2

»Offen für alle« war der Slogan nicht erst im Herbst 1989. Leipzigs älteste Kirche St. Nikolai war seit je der Stadt die größte Bürgerkirche. Johann Sebastian Bach leistete 1723 darinnen sein Bewerbungsvorspiel. Die meisten seiner Oratorien wurden hier uraufgeführt. Die Kirche beherbergt die größte Orgel Mitteldeutschlands. Die Innenarchitektur ist neoklassizistisch. Eine Nachbildung der Säulen im Inneren steht draußen auf dem Nikolaikirchhof: Ein Denkmal für den Herbst 1989. Wie auch der Granit-Brunnen von David Chipperfield: »Hier ist der Tropfen gefallen, der das Fass zum Überlaufen brachte.« Versteckt an der Rückfront der Kirche ist ein Hufeisen in die Wand eingelassen und zeugt davon, dass vor

Ort der Heilige Georg den Lindwurm getötet hat.

Nikolaikirchhof 3 | Straßenbahn: Augustusplatz | www.nikolaikirche-leipzig.de | tgl. 10–18 Uhr

8 Pusteblumen-Brunnen 🚩 🍃 D 1/2

Der Richard-Wagner-Platz, ehemals Fleischerplatz, gilt als Geburtsort des heutigen Leipzig. Heute stehen hier die Pusteblumen: Springbrunnen, silbern glänzend, neben der silbern glänzenden »Blechbüchse«, dem alten Konsument-Warenhaus, heute Teil der Höfe am Brühl.

Richard-Wagner-Platz | Straßenbahn: Goerdelerring

⭐ **Thomaskirche** 🍃 D 2

Die Thomaskirche entstand nach 1212 als Klosterkirche. Seit jener Zeit singt in ihr der Thomanerchor, Deutschlands ältester Knabenchor. Berühmte Kantoren haben ihn geleitet: Calvisius, Bach, Hiller, Mauersberger. Ebenso berühmte Musiker, Ensembles und Sänger brachte er hervor: Carl Philipp Emanuel Bach, Erich Ebermeyer, Sebastian Krumbiegel von den Prinzen, aber auch Calmus und Amarcord. Zu Gottesdiensten und Motette sind die Thomaner live zu erleben. Hingucker: der Giebel – einer der weltweit spitzesten. Auch der Blick ins gotische Dachgestühl beeindruckt. Vor dem Eingang Carl Seffners Skulptur J. S. Bachs, vor dem Westportal das Alte Bachdenkmal, gegenüber das seines Stifters Felix Mendelssohn-Bartholdy.

Thomaskirchhof 18 | Straßenbahn: Thomaskirche | www.thomaskirche.org | tgl. 9–18 Uhr | Turmführungen

Ein Fest fürs Auge ist der lichte Innenraum der Nikolaikirche (▶ MERIAN TopTen, S. 58) mit den roséfarbenen kannelierten Säulen, aus deren Kapitellen Palmwedel zu sprießen scheinen.

April–Nov. Sa 13, 14 und 16.30, So 14 und
15 Uhr | Eintritt 2 €

9 Universität ⏴D 2

Das klassizistische Augusteum und die
im 13. Jh. erbaute Paulinerkirche wurden trotz Protesten der Bevölkerung
1968 gesprengt. Erick van Egeraats
Neubau zitiert die Silhouetten der verlorenen Gebäude. In der Galerie im
Neuen Augusteum werden Wechsel-
ausstellungen gezeigt. Auch Skulpturen
und Fresken aus der zerstörten Paulinerkirche sind im Neubau zu sehen.
Augustusplatz 10 | Straßenbahn: Augus-
tusplatz | www.uni-leipzig.de | Uni
und Innenhof offen: Mo–Fr 6–22, Sa 6–
14 Uhr

**Motette in der Thomas-
kirche**

Am Freitag (18 Uhr) und am Sams-
tag (15 Uhr) kann man den berühmten Thomanerchor bei der
Motette live und nahezu kostenfrei
erleben (▶ S. 13).

MUSEEN UND GALERIEN

ESSEN UND TRINKEN
RESTAURANTS
 **Auerbachs Keller** ▶ S. 28

18 Das Alte Rathaus ⏴D 2

Zentraler geht's nimmer – In den Räumen des alten Rathauses gelegen, offe-
riert der Freisitz unter den Arkaden einen fantastischen Blick auf Markt und
Stadtgeschehen, ideal zum Planen der
weiteren Wege. Spezial: Leipziger Bra-
tenbrot.
Markt 1 | Straßenbahn: Augustusplatz |
Tel. 2 30 60 36 | www.dasalterathaus-
leipzig.de | tgl. ab 11 Uhr | €€€

19 Haus zum Arabischen Coffe
Baum ▶ S. 28

20 Kümmel Apotheke ⏴D 2

Warm-up für den Abend – Im Glanzstück unter der Rotunde der Mädler-
Passage gelegen, sitzen Raucher auch
im Regen trocken. Das Kabarett Sanftwut gleich gegenüber.
Grimmaische Str. 2–4 (in der Mädler-
Passage) | Straßenbahn: Augustus-
platz | Tel. 9 60 87 05 | www.kuemmel-
apotheke.de | Mo–Fr 9.30–24, Fr/Sa
9.30–1, So 10.30–20 Uhr | €€€

21 Ratskeller ⏴D 2

Sächsisch-raffiniert – Rustikales Ambiente in den Gewölben der Pleißenburg, die Räume wurden ein Jahr vor
der Eröffnung des Neuen Rathauses
freigegeben, ein wenig abseits der Tou-
ristenströme, aber die Küche lohnt den
Abstecher.
Lotterstr. 1 | Straßenbahn: Neues Rat-
haus | Tel. 1 23 45 67 | www.ratskeller-
leipzig.de | Mo–Sa 11–23, So 11–
15.30 Uhr | €€€

㉒ Stadtpfeiffer D 2

Exquisit und international – Das Gourmet-Restaurant öffnet an exklusivem Ort: im Gewandhaus. Auch der Name erinnert an Tradition: Stadtpfeiffer waren stadtangestellte Musiker. Ungewöhnliche Kreationen und auserlesene Weine erwarten den Gast. Vorbestellung ist angeraten.

Augustusplatz 8 | Straßenbahn: Augustusplatz | Tel. 2 17 89 20 | www.stadt pfeiffer.de | Di–Sa 18–24 Uhr (Weihnachten geschlossen, 4 Wochen Sommerferien) | €€€€

㉓ Zill's Tunnel D 2

Gutbürgerlich-sächsisch – Das geschichtsträchtige Restaurant bringt beste regionale Gerichte auf den Tisch. Vor Ort ließ sich Friedrich Schiller zum »Geisterseher« inspirieren.

Barfußgässchen 9 | Straßenbahn: Thomaskirche | Tel. 9 60 20 78 | www. zillstunnel.de | tgl. 11.30–24 Uhr | €€€

㉔ Zur Pleißenburg ▶ S. 29

BARS UND KNEIPEN

Leipzig besitzt Kneipenmeilen, die in der Innenstadt benannten Marketingexperten **Drallewatsch**. Was so viel wie »auf den Schwoof gehen« bedeutet. Mittelpunkt ist das Barfußgässchen und die Klostergasse, in denen sich Restaurant an Kneipe und Bar reiht. Des Sommers ist zwischen den Freisitzen kein Durchkommen. Fremde nehmen gern Platz und wer gesehen werden will. Manchmal mit Oktoberfestatmosphäre, fröhliche Gesänge inklusive. Die **Gottschedstraße** auf der anderen Seite des Rings im Schauspielviertel

Draußen sitzen auch bei Regenwetter – der Freisitz der Kümmel Apotheke (▶ S. 60) ist durch das Dach der Mädler-Passage vor den Unbilden des Wetters geschützt.

bietet etwas individuelleres Flair. Leipziger bevorzugen die **Karl-Liebknecht-Straße** in der Südvorstadt und die Plagwitzer Kneipenszene.

25 Barfusz D 2

Rustikales Ambiente – Mit eigener Raucherkneipe, kurzer Weg zum Centralkabarett darüber mit Star und Leipziger Persönlichkeit Meigl Hoffmann. Markt 9 | Straßenbahn: Thomaskirche | Tel. 9 62 86 24 | www.barfusz.de | tgl. 9–3, So ab 10 Uhr

26 Bellinis D 2

Hip und bunt – Cocktailbar mit übersichtlichem Speiseangebot, geeignet zum Abendausklang. Beeindruckend die Mixturen der Getränke von klassisch bis außergewöhnlich. Barfußgässchen 3 | Straßenbahn: Thomaskirche | Tel. 9 61 76 81 | www.bellinis-leipzig.de | tgl. ab 12 Uhr

27 Don Camillo & Peppone D 2

Mediterranes Flair – Osteria mit klassischer italienischer Küche. Freisitz an der Kneipenmeile. Barfußgässchen 11 | Straßenbahn: Thomaskirche | Tel. 9 60 39 10 | www.doncamillo-leipzig.de | Mo–Fr 11.30–23.30, So 17.30–23 Uhr

28 Paulaner D 2

Deftige Schmankerl – Bayrischer Markenimport mit entsprechender Küche. In der Schalterhalle der Pleite gegangenen Leipziger Bank serviert die Gastronomie unter gleichem Namen seit dem Jahr 1901. Klostergasse 5 | Straßenbahn: Thomaskirche | Tel. 3 50 59 80 | www.paulaner-leipzig.de | Mo–So 11–24 Uhr

29 Shiki D 2

Asiaküche – Sushi-Schiffchen an der Theke, dazu Getränke und weitere Delikatessen aus Fernost, lockere Atmosphäre, am Ende der Marktgalerie. Klostergasse 18 | Straßenbahn: Thomaskirche | Tel. 9 76 91 60 | www.sushi-shiki-leipzig.de | Mo–Sa 11–23 Uhr

30 Spizz D 2

Kulinarik und Kultur – Der Freisitz gestattet einen grandiosen Blick auf Altes Rathaus und Marktgeschehen. Der Keller bietet Jazz- und anderen Musikern Auftrittsmöglichkeiten. Eigenes Raucherrestaurant. Markt 9 | S-Bahn: Markt | Tel. 9 60 80 43 | www.spizz.org | tgl. ab 9 Uhr

EINKAUFEN

Das Innenstadtzentrum birst vor Shopping-Malls und weiteren Einkaufsmöglichkeiten. Peters-, Nikolai- und Grimmaische Straße reihen Geschäft an Laden unterschiedlichster Provenienz und Marken. Die insgesamt 38 **Passagen** laden zum Bummel selbst bei Unwetter und Dauerfrost, Café und Ausschank inklusive.

BÜCHER
31 Connewitzer Verlagsbuchhandlung ▶ S. 36

COUTURE
32 Silke Wagler Couture ▶ S. 36

KAFFEE
33 GANOS Kaffee-Kontor ▶ S. 36

KINDER
34 Hermann Modellbahnen ▶ S. 36
35 Maulwurfshop ▶ S. 36

LEBENSMITTEL UND HAUSHALT
36 Allerlei ▶ S. 37

PASSAGEN
37 Mädler-Passage D 2

Kofferfabrikant Anton Mädler ließ nach Mailänder Vorbild diese Pracht-meile erbauen. Geschäfte gehobener Preisklasse laden zum Einkauf. Eine Gourmetage bietet Delikatessen, Auerbachs Keller und Kümmel Apotheke Gastronomie. Auch zu Ostzeiten gepflegt, fungierte diese Einkaufsmeile als Schaufenster des Sozialismus für den Westen. In den derzeitigen Zustand wurde sie versetzt von Dr. Jürgen Schneider – doch das ist ein Kapitel für sich.

🕐 Unter der gläsernen Rotunde spielen zur vollen Stunde die Glocken aus Meissner Porzellan klassische Melodien und Volkslieder, die die Minuten des Innehaltens lohnen.

Grimmaische Str. 2–4 | S-Bahn: Markt | www.maedlerpassage.de

38 Speck's Hof D 2

Als erster überdachter Mustermessepalast wurde die Passage 1909 den Kunden übergeben. In der heute vorbildlich sanierten Passage ist das Angebot

> ### Stadtgeschichte ohne Museum 6
>
> Die neue Shopping-Mall Höfe am Brühl hat nicht nur Platz für 130 Geschäfte, sondern bietet auch mit Schaukästen ums Gebäude viele spannende und kurzweilige Infos zu Stadt und Geschichte (▶ S. 13).

Die Connewitzer Verlagsbuchhandlung (▶ S. 36) in der Passage Speck's Hof führt neben ausgesuchter Belletristik, Lyrik und Kinderbüchern auch modernes Antiquariat.

an Geschäften vielseitig: von Schoko-Laden bis Buchhandlung, von Mode bis Schmuck und Gastronomie ist alles vertreten, was das Herz begehrt.

Reichsstr. 4 | S-Bahn: Markt |
www.speckshof.de

KULTUR UND UNTERHALTUNG

Fast jede Kneipe der Innenstadt bietet Künstlern Auftrittsmöglichkeiten. Kabarett und Kleinkunstbühnen laden allabendlich zu Kultur, Lesung und Musik, auch Filmgenuss ist möglich. Natürlich liegen Oper, Gewand- und Schauspielhaus zentral.

CLUBS, KNEIPEN UND MUSIKLOKALE
39 Moritzbastei ▶ S. 39

KABARETT/KLEINKUNST
40 Academixer ▶ S. 41

41 Centralkabarett D 2

Spiritus Rektor Meigl Hoffmann schaut den Leipzigern aufs Maul und der kommunalen Politik hinter die Kulissen. Mehr als provinziell – Leipzig singt und lacht.

Markt 9 | S-Bahn: Markt | Tel. 52 90 30 52 | www.centralkabarett.de | Kassenöffnung Mo–Sa 12–18 Uhr

42 Leipziger Funzel D 2

Ein Mann, ein Star, ein Kabarett: Thorsten Wolf. Brachialer Witz.

Nikolaistr. 6–10 | S-Bahn: Markt | Tel. 9 60 32 32 | www.leipziger-funzel.de | Kassenöffnung Mo–Sa 10–20 Uhr

43 Pfeffermühle D 2

Neues Domizil, lange Tradition: Namen wie Hahnemann, Edgar Kühlow, Rainer Otto sind damit verbunden.

Das im klassizistischen Stil gehaltene Opernhaus (▶ S. 65) mit seiner hellen Sandsteinfassade ersetzte den kriegszerstörten Vorgängerbau und wurde im Jahr 1960 eröffnet.

Katharinenstr. 17 | S-Bahn: Markt | www.kabarett-leipziger-pfeffermuehle. de | Kassenöffnung Mo–Fr 10–20, Sa 15–20 Uhr

④④ Sanftwut D2

Bodenständiges Selfmade-Team, das sich vom Vorort ins Zentrum spielte, familiär politisch und heimatlich »gemietlich«.

Grimmaische Str. 2 (Mädler-Passage) | S-Bahn: Markt | www.kabarett-theater-sanftwut.de | Kassenöffnung Mo 12–16, Di–Sa 12–20 Uhr

KINO

④⑤ CineStar D2

Kino für die ganze Familie, auch Live-Übertragungen von Klassikkonzerten stehen auf dem Programm.

Petersstr. 44 | S-Bahn: Markt | www.cinestar.de/de/kino/leipzig-cinestar

④⑥ Passage Kinos ▶ S. 40

KLASSISCHE MUSIKAUFFÜHRUNGEN

④⑦ Gewandhaus D2

Wo ehedem das Bildermuseum stand, präsentiert sich heute Leipzigs Gewandhaus Nr. 3. Dass der Neubau mitten im Stadtzentrum wieder erstand, ist Kapellmeister Kurt Masur zu verdanken. Architekt Rudolf Skoda schuf eine beeindruckende Fassade und einen großen Konzertsaal als Amphitheater mit bester Akustik. Angemessen meisterlich für das weltberühmte Gewandhausorchester 8. Kapellmeister Riccardo Chailly zählt zu den weltbesten Dirigenten. Beeindruckend ist Sighard Gilles 712 qm großes Wandgemälde »Gesang vom Leben« in den Foyers.

Augustusplatz 8 | Straßenbahn: Augustusplatz | www.gewandhaus.de

④⑧ Oper Leipzig D2

Wuchtig steht der Stalinbau von Kunz Nierade und Kurt Johannes Hemmerling seit 1960 an der Stelle von Leipzigs im Zweiten Weltkrieg zerstörter Neuer Oper. Sozialistische Accessoires von Friedenstäubchen bis Staatsemblem der DDR zieren die breit gelagerte Fassade. Hinein kann man durch 737 Alu-Fenster blicken. Was drin geboten, ist Kunst und spaltet mitunter die Geschmäcker.

Augustusplatz 12 | Straßenbahn: Augustusplatz | Besucherservice Tel. 1 26 12 61 | www.oper-leipzig.de | Kasse Mo–Sa 10–19 Uhr

Konzertsaal Thomaskirchhof 7

Zu Füßen des Bach-Denkmals erklingt an Montagabenden im Juli und August Musik von Jazz bis Klassik. Ganz entspannt genießt man die Konzerte auf den Restaurant-Freisitzen ringsum (▶ S. 14).

THEATER

④⑨ Krystallpalast Varieté D2

Gediegene Varieté-Shows mit Artistik, Conférence und mehr. Die Gastronomie stimmt ihre Menüfolge auf das jeweilige Programm ab.

Magazingasse 4 | Straßenbahn: Wilhelm-Leuschner-Platz/Augustusplatz | www.krystallpalast.de | Kassenöffnung Mo–Sa 10–20, So 13–18 Uhr

⑤⓪ Schauspielhaus ▶ S. 41

Im Fokus
Vom Bankinstitut zur Brauerei

Wo seit 1901 eine Brauerei Bier ausschenkt und Gastlichkeit gepflegt wird, legten zuvor Leipziger Bürger ihre Spargroschen an – und verloren alles. Denn die einst ehrenwerte Leipziger Bank ging bankrott und stürzte zahllose Bürger und Firmen in den finanziellen Ruin.

Das Territorium der Klostergasse 5 gehörte einst zum Augustiner Chorherrenstift zu St. Thomae. Nach der Reformation erfolgte der Verkauf der Klostergebäude. 1753 erschien Gottlieb Beck, »Bürger und Handelsmann allhier«, auf der Behörde, um sich den Neubau eines Wohnhauses genehmigen zu lassen, das Gelände hatte er vorher teuer erworben. Die behördliche Genehmigung erfolgte. Der beauftragte Obermeister der Maurerinnung George Werner schuf ein elegantes Glanzstück des Leipziger Rokoko. »Besonders angenehme Wohnungen enthält das 17 Fenster breite und 4 Geschoß hoch über die Stadtmauer ragende Hintergebäude, welches auf dieser Seite eine wahre Zierde der Stadt ist, und die vortrefflichste, weitausgedehnteste Aussicht über die fruchtbaren Gärten und Fluren in den oberen Stockwerken hat«, bemerkte der Kritiker 1799. »Bis heute ist das Haus von durchgreifenden Umbauten verschont geblieben, sodass es auch nach über zweihundert Jahren noch viel Originalsubstanz bewahrt hat: im Inneren beispielsweise die Treppenhäuser, weite Teile der

◀ Im schmucken Paulaner-Palais residierte bis zu
ihrer Pleite die Leipziger Bank (▶ S. 66).

alten Raumstruktur und wertvolle Details wie Türen, Kamine und Stuck-
decke.« Seit jener Zeit gehört dieses »Alte Kloster« zu den vornehmsten
Adressen der Stadt. Die Aussicht hat sich geändert, die hintere Fassade
wurde umbaut und ist dem Besucher heute nicht mehr sichtbar. Ansehn-
lich restauriert verheißt das Haus nunmehr angenehme Gastlichkeit.
Paulaner-Palais wird es genannt. Die Brauerei Paulaner (▶ S. 62) schenkt
seit 1901 an dieser Stelle aus.
Bis zum 25. Juni 1901 residierte in den Räumen die Leipziger Bank und
hatte ihre Schalter hier geöffnet. Im ausgehenden 19. Jh. hatte es die Bank
zum guten Namen gebracht. Die Leipziger legten nicht nur aus Heimat-
verbundenheit in diesem Hause ihr Geld an. Im Aufsichtsrat honorable
Leute: ein Kammerrat, ein Bankier und ein Verleger, der österreichische
Generalkonsul, der ehemalige Direktor, ein Kaufmann und ein Kaufmann und ein Kaufmann. Das Gremium beschloss, aufgrund unzurei-
chender Dividende, die Neubesetzung der Geschäftsleitung und wählte
für den Direktorenposten August Heinrich Exner, ein junges Finanzgenie
aus Kassel. Der mehrte das Grundkapital der Bank in erstaunlicher
Schnelle auf 48 Mio., das Sechsfache des übernommenen Stammkapitals,
und investierte in zukunftsträchtige Technologien.

MAN KENNT SICH, MAN HILFT SICH

So kam zum Bankdirektor 1896 Adolph Schmidt, ebenfalls ein Herr aus
Kassel. Man kannte sich. Schmidt stellte Futtermittel her und machte große Pläne. Er hatte ein Patent erworben, das aus Sägespänen und Abfällen
Holzkohle produzieren konnte. Unter Laborbedingungen funktionierte
das Verfahren ausgezeichnet. Die Überführung in die Produktion konnte
nicht mehr lange dauern. Herrn Schmidts Unternehmen namens Trebertrocknung sah sich als bald weltumspannender Konzern und brauchte
dafür Finanziers. Der Leipziger Bankdirektor erklärte sich bereit, Kredit
zu geben. Doch Schmidt benötigte mehr und mehr. In jedem europäischen Land gründete er, wenn seine Kassen leer, Dependancen und gab
neue Aktien aus. Auf 200 Mio. Reichsmark beliefen sich letztlich seine
Schulden. (Multipliziert mit 10 käme man annähernd auf den Wert des
Euro.)
Nach Jahren seiner Kreditgewährung hatte August Heinrich Exner nie
einen Pfennig an Rückzahlung der Verbindlichkeiten Schmidts gesehen.

Das Direktorium hatte die erheblichen Außenstände bereits auf Privatkunden umgeschrieben, vor- und zurücküberwiesen. Mittlerweile hatte die Leipziger Bank der Trebertrocknung so viel Kredit gewährt, dass sie ihr ausgeliefert war. Und die Trebertrocknung brauchte noch mehr Millionen. 1901 kommen Herrn Direktor Exner endlich Zweifel, denn Schmidts Unternehmen existierte nur auf Pump und Papier. Er spricht mit Schmidt und möchte Geld zurück. Doch Schmidt fordert weiteres Geld und droht: »Für Ihre Bank ist der Bestand meiner Gesellschaft und die gute Durchführung der Geschäfte derselben zu einer Lebensfrage geworden, und Sie dürfen nicht verhehlen, daß der Ruin meiner Gesellschaft unabsehbare Folgen nach sich ziehen würde.« Klartext: Zahlt die Bank an Schmidt nicht weiter, geht sie selber Pleite. Erpressung.

UNTÄTIGE AUFSICHTSRÄTE

Nun geriet auch der Aufsichtsrat, der sich seit Jahren ohne Nachfragen von den falschen Zahlen hatte beeindrucken lassen, in Aufregung. Man bemühte sich sofort, von anderen Banken Kredit zu erhalten. Hektisch reiste man nach Kassel und Berlin. Die angefragten Institute sagten: Nein. Am 25. Juni 1901 war die Leipziger Bank zahlungsunfähig. »Wir sehen uns zu unserem größten Leidwesen in die Notwendigkeit versetzt, im Interesse unserer Gläubiger zeitweilig unsere Zahlungen einzustellen. Wir geben die Erklärung, daß wir bei sachgemäßer Abwicklung unserer Geschäfte nicht nur jeden Verlust unserer Gläubiger als ausgeschlossen ansehen, sondern auch ein günstiges Ergebnis für unsere Aktionäre glauben erwarten zu dürfen.« Den Optimismus hatten nur die Banker selbst. Die Aktie der Leipziger Bank wurde tags zuvor mit 143 % gehandelt, jetzt war sie 1 % noch wert. Ihr Konkurrent, die Deutsche Bank, war sofort bereit, die Geschäfte zu übernehmen, nicht die Schulden. So ist der Neubau des Leipziger Bankhauses an Schillerstraße/Burgplatz fortan ihr Eigentum – bis heute.

Aktionäre und Kunden, die bei der Leipziger Bank das Ersparte angelegt hatten, sahen ihr Geld verloren. Es kam zu Tumulten vor dem Bankhaus in der Klostergasse. Zehn Selbstmorde sind dieser Pleite geschuldet. Anleger und Sparer standen vor dem Nichts. Es war nichts mehr zu holen. Sächsische Unternehmen von Görlitz bis Plauen gingen in den Konkurs. Jahrelang litten Wirtschaft und Privatpersonen an dem Verlust.

Die Mitglieder der Geschäftsführung unter August Exner kamen in Haft. Eine aufwendige Recherche förderte das wahre Ausmaß des Betrugs zutage. Mehr als 90 Mio. Mark Verbindlichkeiten hatte allein die Treber-

trocknung beim Bankhaus in Leipzig. Es »wurde festgestellt, daß die Tre-
bergesellschaft mindestens seit dem Jahre 1896 bereits Pleite gewesen
war.« Herr Schmidt war zunächst nicht zu fassen. Unter falschem Namen
in Paris wurde er entdeckt, ausgeliefert und vor Gericht gestellt. 2½ Jahre
Haft erhielt Herr Schmidt für seinen Treber-Schwindel und die 200 Mio.
Mark Schulden. Man vermutete, er hatte große Summen auf geheime
Konten ins Ausland überwiesen.

GESCHWORENE VERZWEIFELT GESUCHT

»Als Direktor Exner sowie seine Mitdirektoren und Aufsichtsräte sich
vom 16. Juni bis 23. Juli 1902 vor dem Leipziger Schwurgericht zu verant-
worten hatten, dauerte es mehrere Tage, ehe es gelang, ein Geschwore-
nengericht zu bilden. Bekanntlich ist derjenige vom Geschworenenamt
ausgeschlossen, der oder dessen Angehörige durch die zur Verhandlung
stehende Straftat geschädigt worden sind. Da aber durch den Zusammenbruch der Leipziger Bank fast die ganze besitzende Bürgerschaft Leipzigs
geschädigt war, so machte es begreiflicherweise ungeheure Mühe, ein
Schwurgericht zu bilden. Die mitangeklagten Aufsichtsräte, sämtlich
Leute, die zu den ersten Familien Leipzigs gehörten, erklärten in der Verhandlung: Sie hätten eher geglaubt, der Himmel würde auf die Erde fallen, als daß die Leipziger Bank zusammenbrechen könnte. Die Geschwo-
renen, die am 23. Juli von 10 ½ Uhr morgens bis 8 ½ Uhr abends beraten
hatten, erklärten den Direktor Exner schuldig des betrügerischen Ban-
kerottes unter Ausschluß mildernder Umstände. Der Gerichtshof verur-
teilte daraufhin Exner zu fünf Jahren Zuchthaus und fünf Jahren Ehrver-
lust.« Sein Stellvertreter bekam drei Jahre und siegen Monate. Schmidt
allerdings geht in Berufung. Neues Urteil aufgrund gefundener Verfah-
rensfehler: 2 ½ Jahre Haft, die waren fast verbüßt.
Die Rolle der Aufsichtsräte war eine Blamage. Jahrelang hatten sie ihre
Aufsicht ausgeübt, ohne die Katastrophe zu bemerken. Gehalt und Tanti-
emen hatten sie bezogen, und die waren in der Summe hoch, sehr hoch.
Ansonsten hatten sie Herrn Exner machen lassen, ohne je Kritik zu üben.
Ein Reporter bemerkte: »Stellen sich diese Leute so dumm oder sind sie
es wirklich?« Die Schlagzeile in der Zeitung: »Was nützen uns Aufsichts-
räte, wenn sie keine Aufsicht ausüben?« Man bemerkte: Es »klaffen arge
Lücken im Gesetz bezüglich ihrer Verantwortlichkeit«. Die Lücken im
Gesetz klaffen bis heute.
In die Schalterhalle der bankrotten Bank zog im Jahre 1901 die Brauerei
Paulaner und schenkte fortan aus. Sehr zum Wohl!

ZENTRUM-NORD UND LEIPZIG-GOHLIS

Einst weilte Schiller im beschaulichen Dörfchen Gohlis nördlich der Stadtgrenzen. Heute finden sich im gründerzeitlich geprägten Viertel noble Villen, eine vorbildhafte Wohnanlage der 1930er-Jahre, aber auch DDR-Architektur, die noch auf ihre Sanierung wartet.

»Deine Zauber binden wieder, / Was der Mode Schwerd getheilt, / Bettler werden Fürstenbrüder, / Wo dein sanfter Flügel weilt.« **Friedrich Schiller** fühlte sich in Gohlis wohl. Nach seiner Flucht aus Württemberg weilte der Dichter auf Einladung Gottfried Körners nahe Leipzig. Hier verfasste er Szenen des »Fiesco« und »Don Karlos« und, inspiriert von Freunden und Quartiereltern, die Frühfassung der »Ode an die Freu(n)de«. Das Dörfchen erhielt seinen Namen nach einer Schneise in der dichten Bewaldung der Flussauen um Leipzig. Bereits 1317 wird ein Golitz erwähnt. Trotz Gründerzeitbebauung ist an der Menckestraße der alte Dorfkern erahnbar. Er wurde planmäßig um den Gemeindeplatz in Form eines Auges errichtet. Typisch für sächsische Angerdörfer. Im Zuge der Stadter-

◀ Das Gohliser Schlösschen (▶ S. 72) ist ein Kleinod sächsischer Rokokobaukunst.

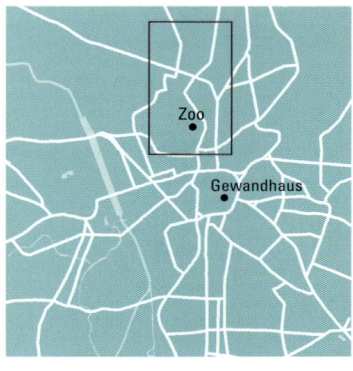

weiterung schob sich Gohlis weit über seine ehemaligen Dorfgrenzen hinaus und präsentiert sich heute als Stadtteil unterschiedlicher Prägung. So steht einzig noch das **Schillerhäuschen** als Beispiel der alten Besiedlung. Das einstige Bauernhaus wurde 1717 erbaut und ist seitdem kaum verändert worden. 1841 erwarb der Leipziger Schillerverein das Anwesen und gestaltete es zum Literaturmuseum um. Im Jahr 1873 wurde Gohlis ans Nahverkehrsnetz der Leipziger Straßenbahn angeschlossen. Die ursprüngliche Bebauung des Dorfes fiel der neuen Gründerzeitarchitektur zum Opfer.

1890 wurde das Dorf der Großstadt eingemeindet. Nach dem Ersten Weltkrieg wurden weitere Flächen für die Besiedlung erschlossen, Leipzigs Einwohnerzahl war innerhalb eines Jahrhunderts fast um das 20-Fache gestiegen: rund 35 000 (1830) zu 720 000 (1930). So befindet sich in Neu-Gohlis die 16 ha große **Krochsiedlung**. Die Berliner Architekten Paul Mebes und Paul Emmerich planten unter Einflussnahme und Finanzierung des jüdischen Bankiers Hans Kroch eine Wohnanlage im Stil der vom Bauhaus beeinflussten klassischen Moderne. »Die Siedlung verkörperte damals neuzeitliche Wohnkultur, die auch noch heutigen Wohnanforderungen gerecht wird. Sie besteht aus drei- und viergeschossigen Mehrfamilienwohnhäusern mit insgesamt 1018 gut besonnten Wohnungen von zwei bis vier Zimmern und kleineren Gewerbeeinheiten in Erdgeschosslage.« Weiter nördlich setzte die DDR ihren Plattenbau dagegen. Die an der Georg-Schumann-Straße angelegten Kasernen werden gegenwärtig von Versicherungsträgern und der Bundeswehr genutzt. Die Straße an sich zeugt von schleppender Investitionskraft, ganz im Gegensatz zu den herrlich renovierten Villen am Poetenweg.

Südlich grenzt das Viertel ans **Rosental**, einen Teil des städtischen Auenwalds, desen einer Abschnitt als **Zoo** zu besuchen ist. Der Schillerhain ist ein weiterer Teil von Gohlis' grünem Gürtel. Der Dichter Friedrich Schiller sei Frühaufsteher gewesen und habe sich in dieser Natur auf seinen frühmorgendlichen Spaziergängen inspirieren lassen.

SEHENSWERTES

❶ Evangelisch-Reformierte Kirche
🚋 D 1

Die Gemeinde der Hugenotten, Glaubensflüchtlinge aus Frankreich, bedurfte eines eigenen Gotteshauses. 1896–99 entstand am nördlichen Innenstadtring die evangelisch-reformierte Kirche nach Plänen von Georg Weidenbach und Richard Tschammer. Der Neorenaissance-Bau erhielt 1900 auf der Pariser Weltausstellung den 1. Preis und gilt als erster einheitlicher Gemeindebau. Von dem 73 m hohen, markanten Turm filmten am 9. Oktober 1989 Studenten unter Einsatz ihres Lebens den ersten Demonstrationszug um die Innenstadt – Bilder, die Weltgeschichte schrieben.

Zentrum-Nord | Tröndlinring 7 | Straßenbahn: Goerdelerring | www.reformiert-leipzig.de

---

Draufblick

Das Rosental ist Leipzigs grüne Lunge. Ein stählerner Aussichtsturm auf einem ehemaligen Müllberg bietet hier einen wunderbar weiten Panoramablick über die ganze Stadt (▶ S. 14).
Straßenbahn: Am Mückenschlösschen

---

❷ Funkhaus Springerstraße
🚋 nördl. D 1

Gebaut wurde das Haus 1929/30 für die Versicherungsgesellschaft Barmenia von Emil Franz Hänsel, der in Leipzig bedeutende Bauten schuf: Specks Hof, Schaubühne Lindenfels oder die Pianofabrik Ludwig-Hupfeld-Straße. Der

Sender Leipzig startete sein Programm 1946 im nunmehr umgewidmeten Funkhaus. Kritiker ordnen das Haus mit der charakteristischen Rautenmuster-Fassade dem Spätexpressionismus oder dem Stil des Art déco zu. Jedenfalls ein außerordentliches Zeugnis der Architektur nach der Jahrhundertwende. Heute anders vermietet.

Gohlis | Springerstr. 24 | Straßenbahn: Chausseehaus

❸ Gohliser Schlösschen
🚋 nördl. C 1

Im 18. Jh. war es honorablen Leipzigern genehm, sich in den Auen vor der Stadt Gärten mit Villen anzulegen. Ratherr Johann Caspar Richter ließ auf den Gütern seiner Frau in Gohlis ein Sommerpalais errichten, das von der königlichen Architektur Dresdens beeinflusst ist. Adam Friedrich Oeser, Rektor der Kunstakademie und Zeichenlehrer Goethes, schuf im Festsaal das Deckengemälde »Lebenswege der Psyche«. Das Haus gilt als hervorragendes Beispiel der sächsischen Rokokobaukunst und wurde vielfach genutzt. Heute Veranstaltungssaal und Restaurant im Seitenflügel (Tel. 58 96 90, www.gohliser-schloss.de). Vor allem das Sommertheater begeistert mit beeindruckendem Ambiente.

Gohlis | Menckestr. 23 | Straßenbahn: Stallbaumstraße | www.leipzig-gohlis.de/gohliser-schloesschen | Führung So 11 Uhr

❹ Heinrich-Budde-Haus
🚋 nördl. D 1

Der Ingenieur Albert Gruner erbaut sich neben der Gasanstalt 1866 seine Villa, in die 1881 der Drahtseilbahnkonstrukteur Adolf Bleichert zog, sein Unternehmen baute u. a. die Kreuzeck-

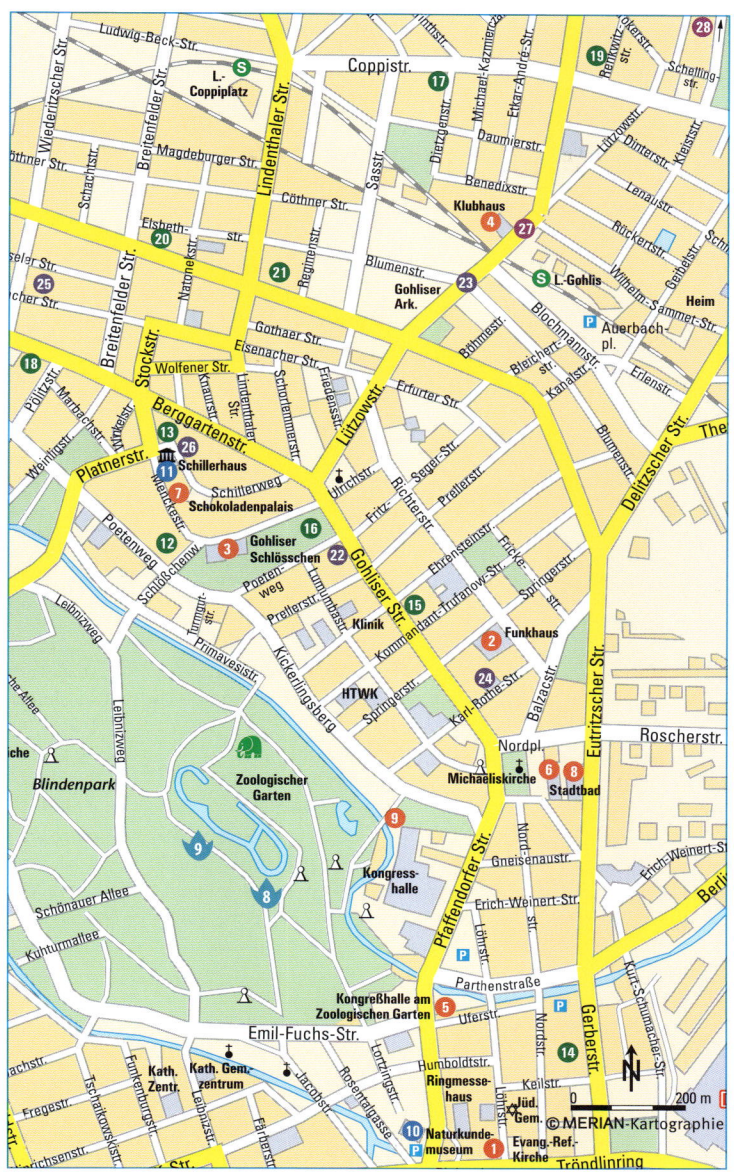

Ludwig-Beck-Str.

Coppistr.

L.-Coppiplatz

Magdeburger Str.

Cöthner Str.

Klubhaus

Gohliser Ark.

L.-Gohlis

Auerbach-pl.

Gothaer Str.

Eisenacher Str.

Wolfener Str.

Berggartenstr.

Schillerhaus

Schokoladenpalais

Gohliser Schlösschen

Platnerstr.

Poetenweg

Klinik

Funkhaus

HTWK

Blindenpark

Zoologischer Garten

Nordpl.

Michaeliskirche

Stadtbad

Roscherstr.

Kongress-halle

Schönauer Allee

Kulturmallee

Kongreßhalle am Zoologischen Garten

Emil-Fuchs-Str.

Parthenstraße

Kath. Zentr.

Kath. Gem. zentrum

Ringmesse-haus

Naturkunde-museum

Jüd. Gem.

Evang.-Ref.-Kirche

Tröndlinring

© MERIAN-Kartographie

0   200 m

Im Stadtbad (▶ S. 75) verströmt der im maurischen Stil ausgeschmückte Damenruheraum der Sauna märchenhaftes Flair und verführt zum Träumen.

und die Zugspitzbahn und die auf den Tafelberg Kapstadts. Die Villa zeigt exemplarisch den Wohnsitz einer Industriellenfamilie der Jahrhundertwende. Beim noblen, klassizistisch anmutenden Bau mit Säulen und reichem Fassadenschmuck fanden seltene Baumaterialien Verwendung. Der Widerstandskämpfer und Bleichert-Angestellte Heinrich Budde wurde 1956 Namensgeber, heute steht das Haus verschiedenen kulturellen Initiativen offen.

Gohlis | Lützowstr. 19 | S-Bahn: S-Bahnhof Gohlis | www.buddehaus.de

⑤ Kongreßhalle am Zoologischen Garten ◾◾ D 1

1900 weihte man das Gesellschaftshaus des Zoos ein. Sein 50 m hoher Turm prägt die Stadtsilhouette. Das Foyer gilt als eines der bedeutenden Beispiele des Art déco, mehrere prächtig ausgestattete Säle ließen verschiedene Veranstaltungen gleichzeitig zu. Von 1946–1981 nutzte das Gewandhausorchester die Kongreßhalle als Interimsspielstätte. Nunmehr ist ihre Zukunft ungewiss.

Zentrum-Nord | Pfaffendorfer Str. 24 | Straßenbahn: Zoo | www.kongress halle-leipzig.de

6 Michaeliskirche ⚓ nördl. D 1

Am Endpunkt der Nordstraße im Schnittpunkt mehrerer Sichtachsen erbauten 1904 Heinrich Rust und Alfred Müller die Michaeliskirche. Entgegen der Tradition ist das Kirchenschiff von Nord nach Süd ausgerichtet. Das Bauwerk ist dem Historismus zuzurechnen, zitiert jedoch architektonisch originell mehrere Baustile. Durch die unterschiedliche Farbschattierung der Sandsteinplatten wirkt die Fassade sehr lebendig. Die Sauer-Orgel im Inneren stammt aus dem Gründerjahr.

Zentrum-Nord | Nordplatz 14 | Straßenbahn: Nordplatz | www.michaelis-friedens.de

7 Schokoladenpalais ⚓ nördl. C 1

Im Industriegebäude produzierte einst Fabrikant Wilhelm Felsche Schokolade, die DDR stellte diese unterm Namen VEB Goldeck her. Noch heute ziert die Leuchtreklame die Fassade. Das Schokoladenpalais steht wie kaum ein anderes Gebäude für Leipzigs Wandel nach 1989. Die Stadt verlor 4/5 ihrer industriellen Arbeitsplätze, viele Fabrikgebäude wurden umgenutzt: Grandiose Wohnungen entstanden hier.

Gohlis | Menckestr. 32 | Straßenbahn: Menckestraße | www.schokoladen palais.de

8 Stadtbad ⚓ nördl. D 1

Das Stadtbad eröffnete 1916 unweit des Hauptbahnhofs und beeindruckte mit großzügiger Gestaltung und Wellenbad. Der Damenruheraum faszinierte mit maurischem Stil und erinnerte an »1001 Nacht«. Auch mit medizinisch-therapeutischen Anwendungen wartete die Einrichtung auf. Nach der Wen-

de verfallen, bemüht sich gegenwärtig ein Verein um neue Nutzung. Führungen nach Absprache möglich.

Zentrum-Nord | Eutritzscher Str. 21 | Straßenbahn: Wilhelm-Liebknecht-Platz | www.herz-leipzig.de

9 Zoologischer Garten Leipzig
⚓ D 1

Kneipier Ernst Pinkert eröffnete seinen Privatzoo 1878 als »publikumslockende Maßnahme«. Vor allem mit der Löwenzucht erwarb sich Leipzig einen Namen. Der Zoo führt weltweit die Zuchtbücher für Tiger, Anoas und Mähnenwölfe, Sumpfkrokodile, Lippenbären und Sumatra-Nashörner. Seit 2011 ist das Gondwanaland besondere Attraktion, die Riesentropenhalle. 2012 zählte der Leipziger Zoo über 2 Mio. Besucher. Das mag auch daran liegen, dass die sehr erfolgreiche Zoo-Soap »Elefant, Tiger & Co.« seit 2002 von Leipzig, Tieren und Pflegern erzählt.

🕐 Falls Sie einen Kurzbesuch planen: 90 Min. vor Schließung senken sich die Preise, die Tageskarte um ein Viertel auf 12 €, die Familienkarte von 40 € auf 26 €.

Zentrum-Nord | Pfaffendorfer Str. 29 | Straßenbahn: Zoo | www.zoo-leipzig. de | 21. März–Sept. 9–19, Okt. 9–18, Nov.–20. März 9–17 Uhr | Eintritt 16 €, Kinder 9 €

Blick auf Afrika

Das »Zooschaufenster« an der Rosentalwiese erlaubt den freien Blick auf die Afrika-Savanne des Leipziger Zoos. Bänke laden zum Verweilen ein, die große Wiese zum Spielen, Ruhen und Sonnen (▶ S. 14).

MUSEEN UND GALERIEN

10 **Naturkundemuseum** ▶ S. 116
11 **Schillerhaus** ▶ S. 117

ESSEN UND TRINKEN

RESTAURANTS

12 **Campus** 🚋 nördl. C 1

Mit Sommerterrasse – Der Medien-campus ist Sitz der »Leipzig School of Media«, das öffentliche Bistro bietet feine Küche in Designer-Atmosphäre.
Gohlis | Poetenweg 28 | Straßenbahn: Stallbaumstraße | Tel. 56 29 67 50 | www.mediencampus-villa-ida.de | Di–Sa 12–0 Uhr | €€€

13 **Drogerie** 🚋 nördl. C 1

Französisches Flair – Das alte Gebäu-de wurde 1930 Drogerie mit einzigarti-ger gefliester Fassade samt Nashorn-köpfen, seit 1998 ist es Kulturhaus und Café-Restaurant: intim (nur 40 Plätze) und delikat (gehobene Küche).
Gohlis | Schillerweg 36 | Straßenbahn: Menckestraße | Tel. 22 28 64 66 | www.drogerie-leipzig.net | Mo–Sa 18–23 Uhr | €€€

14 **Falco** ▶ S. 28

15 **Gohliser Wirtschaft** 🚋 nördl. D 1

Wie bei Muttern – Urige Kneipe mit heimischer Küche und familiärem Am-biente, auch Veranstaltungsprogramm.
Gohlis | Gohliser Str. 20 | Straßenbahn: Nordplatz | Tel. 56 11 48 87 | 11–1 Uhr | €

16 **Gosenschenke »Ohne Bedenken«** 🚋 nördl. C 1

Alt-Leipziger Genüsse – Reiche Aus-wahl und Variationen vom Leipziger Spezialgetränk Gose. Rustikales Ambi-ente, rustikale Speisen. Hingehen!
Gohlis | Menckestr. 5 | Straßenbahn: Fritz-Seger-Straße | Tel. 5 66 23 60 | www.gosenschenke.de | sommers ab 12, ab 30. Sept. ab 16.30 Uhr | €€

17 **Hacienda Mexicana** 🚋 nördl. D 1

Kulinarische Fernreise – Etabliertes mexikanisches Restaurant mit reicher Auswahl an exotischen Getränken.
Gohlis | Dietzgenstr. 13 | Straßenbahn: Virchow-/Coppistraße | Tel. 9 02 97 73 | www.hacienda-mexicana-leipzig.de | Di–So 17–0, So auch 11.30–14 Uhr | €€

18 **Passion** 🚋 nördl. C 1

Mediterran inspiriert – Der Familien-betrieb serviert deutsche Küche mit südlichem Einfluss: stilvoll, delikat.
Gohlis | Möckernsche Str. 21 | Straßen-bahn: Wiederitzscher Straße | Tel. 5 50 37 45 | www.restaurant-passion.de | Di–Fr 11.30–14 und 18–0, Sa 18–0 Uhr | €€€

19 **Schaarschmidts** 🚋 nördl. D 1

Familiär-gemütlich – Angenehm inti-me Atmosphäre, 60 Plätze. Sächsisch inspirierte Küche.
Gohlis | Coppistr. 32 | Straßenbahn: Virchow-/Coppistraße | Tel. 9 12 05 17 | www.schaarschmidts.de | Mo–Sa 17–0, So 12–0 Uhr | €€€

20 **Zur 102** 🚋 nördl. D 1

TV-Berühmtheit – Pension und Gast-stätte, die durch Obdach für »Tatort«-Kommissar Andreas Keppler (gespielt von Martin Wuttke) zu Kultstatus ge-langte. Gemütlich, dunkel und privat wie im Film.
Gohlis | Georg-Schumann-Str. 102 | Straßenbahn: Wiederitzscher Straße | Tel. 60 45 45 60 | €

EISDIELEN

21 Eiscafé Florenz   nördl. D 1

Begeistert seine Kunden seit mehr als 50 Jahren. Ehedem im Stadtzentrum, verkauft es nunmehr an neuer Adresse.

Gohlis | Georg-Schumann-Str. 72 | Straßenbahn: Georg-Schumann-/Lindenthaler Straße | Tel. 5 50 27 82 | Mo–Sa 11–19, So 11–18.30 Uhr

EINKAUFEN

GESCHENKE UND BLUMEN

22 Blumenboutique Gänseblümchen   nördl. D 1

»Blumen, Kunst, Schnörkel« verheißt das Ladenschild, genau das ist drin.

Gohlis | Gohliser Str. 29 | Straßenbahn: Fritz-Seger-Straße | www.blumenboutiquegaensebluemchen.de | Mo–Fr 9–18, Sa 9–12.30 Uhr

23 Geschenkartikel Meyer nördl. D 1

Blumen, Geschenke, dies und das, Highlight heliumgefüllte Geschenk-Ballons mit individuellem Charme.

Gohlis | Lützowstr. 11 (in den Gohlis-Arkaden) | Straßenbahn: Lützowstraße | Mo–Fr 9–18, Sa 9–12 Uhr

KINDERAUSSTATTUNG

24 Lieblingskind   nördl. D 1

Alles fürs und ums Kind: Bekleidung und Möbel.

Zentrum-Nord | Karl-Rothe-Str. 9 | Straßenbahn: Nordplatz | www.lieblingskind.eu | Mo–Fr 10–18, Sa 10–14 Uhr

MUSIKINSTRUMENTE

25 Gitarrenladen   nördl. C 1

Alles, was zu Gitarre und Spiel und Musik gehört: Laden, Werkstatt, Studio, Verleih und Veranstaltungshaus.

Gohlis | Eisenacher Str. 72 (im Hinterhof) | Straßenbahn: Wiederitzscher Straße | www.musikladen-leipzig.de | Mo–Fr 10–18, Sa 10–14 Uhr

PORZELLAN UND KERAMIK

26 Steinbach Keramik   nördl. C 1

Tierköpfe sind das Aushängeschild, denn im Hause verkaufte ehedem eine Apotheke Arznei und nutzte dafür auch Nashornpulver. Heute sind die Räume Werkstatt. Anna-Maria Steinbach bietet Gebrauchskeramik und anderes in individuellem Design.

Gohlis | Menckestr. 42 | Straßenbahn: Menckestraße | www.keramik-steinbach.de | Mo–Fr 10–18 Uhr

KULTUR UND UNTERHALTUNG

LESUNGEN UND KUNSTEVENTS

27 Pikanta   nördl. D 1

Unter dem Dach des 1990 gegründeten Kunstvereins treffen alle Gattungen von Malerei, Fotografie, Musik, Literatur etc. aufeinander. Wechselnde Ausstellungen sind im Heinrich-Budde-Haus (▶ S. 72) zu sehen.

Gohlis | Lützowstr. 19 | Straßenbahn/S-Bahn: S-Bahnhof Gohlis | www.pikanta.de | Di–Do 10–16 Uhr

THEATER UND KONZERTE

28 Parkbühne GeyserHaus nördl. D 1

Im Arthur-Bretschneider-Park liegt romantisch eine Freilichtbühne. Neben Veranstaltungen lohnt der Weg zu Spielplatz, Grillhaus und Klanginstallation. Der Komponist und Klangkünstler Erwin Strache schuf drei Inseln aus Stahl, die bei Berührung der Stangen Töne und Musik erzeugen.

Zentrum-Nord | Kleiststraße | Straßenbahn: Eutritzscher Markt | www.geyserhaus.de

PLAGWITZ

Der Stadtteil südwestlich des Zentrums erlebte im 19. Jh. einen rasanten Aufschwung. Das kleine Dorf mutierte zum Industrie- und Gewerbegebiet. Nach Schließung vieler Industrieanlagen oder deren Verlagerung gilt es heute als junges Wohn- und Kreativenviertel.

Zwischen Weißer Elster und Kleiner Luppe wird 1486 erstmals ein Plochtewitz erwähnt. Im Jahre 1835 siedelten nicht mehr als 170 Einwohner auf diesem Stückchen Sumpf. 1854 wandelte sich das Bild des Dorfes grundlegend. Der Leipziger Rechtsanwalt und Visionär Dr. Karl Heine kaufte den Grund und Boden jenes Plagwitz, um **Industrie** anzusiedeln. »Nicht weniger als 1 100 000 Quadratellen Land umfasst der neue Stadttheil, den Heine gegründet hat … Von diesem Areal waren ehedem 600 000 Quadratellen der Hochfluth ausgesetzte Wiesen und 200 000 Quadratellen sumpfige Gärten, von Gräben durchschnitten, welche Fieberluft über die Stadt verbreiteten.« Gründerzeit. Heine gewann Bauland, und Menschen siedelten sich an. 1854 zählte Plagwitz gut ein Dutzend Häuser, zehn Jahre später waren es weit über 160 Häuser und mehr als 1500 Einwohner. Heine tat Bahnbrechendes: Er entwässerte den Boden, legte Flusssysteme an,

◄ Die Könneritzbrücke (► S. 80) in Plagwitz
überspannt die Weiße Elster.

die die Großstadt vor Fluten
schützte. Er verband mit dem
(heutigen Karl-Heine-)Kanal die
»tückische Elster« mit der »ver-
dächtigen Pleiße«. Auch als Trans-
portweg für Baumaterial von im-
menser Bedeutung.

VON LEIPZIG IN DIE GROSSE WEITE WELT

Und Heine hatte die Vision einer Anbindung Leipzigs an die Weltmeere.
Mit dem Bau des **Elster-Saale-Kanals** wurde begonnen. Von der Elster
zur Alster heißt noch heute die Devise, denn 5 km vor der Saale endet der
Wasserweg abrupt bei Günthersdorf. Aber Heine tat mehr als Wasser laufen zu lassen. Zum einen blieb mit diesem westlich gelegenen Industrie-
gebiet das Zentrum der Großstadt von den Verschmutzungen des Man-
chester-Kapitalismus weitgehend verschont. Zum anderen band Heine
diese westlichen Wiesen an die neuen Verkehrssysteme an. Wege wurden
zu Straßen, Brücken wurden gebaut, Straßenbahnen fuhren erstmals 1872
nach Plagwitz, und ein Jahr später hielt vor Ort die Eisenbahn. Fabrik-
komplexe entstanden. Namhafte Betriebe verlegten ihre Produktions-
und Werkstätten nach Plagwitz.
1989 beschäftigte **Leipzigs Industrie** mehr als 100 000 Arbeiter. Heute
sind es weniger als 20 000, die vor allem in den neuen Ansiedlungen von
Porsche, BMW oder DHL im Norden der Stadt produzieren. Die alten,
z.T. unter Denkmalschutz stehenden Industriekomplexe bedurften neuer
Nutzungskonzepte. Leipzig bewies im Umgang mit diesem Erbe Kreativität und flexible Denkungsart. Wenn auch nicht alle Ruinen beseitigt werden konnten, so beeindruckt manch historischer Produktionskomplex
mit neuer Nutzung: **Wohnungen** entstanden. Eine **Galerie- und Kunst-
szene** etablierte sich. Seniorenheime, Vereine, Kneipen mieteten. Plagwitz gibt heute ein buntes Bild. Auch dank dieses »**neuen Plagwitz'**« ziehen viele junge Menschen hierher.
Das Denkmal, das man Karl Heine setzte, steht im Palmengarten an Elsterflutbecken und Karl-Heine-Straße am Eingang des Stadtteils Plagwitz.
Er trägt die Accessoires seines Lebens: Spitzhacke und Stulpenstiefel.

SEHENSWERTES

❶ Buntgarnwerke 🚋 B 3

Europas größter Industriekomplex der Gründerzeit steht an beiden Ufern der Weißen Elster und verleiht Leipzig venezianischen Charakter. 1887 erwarb die Sächsische Wollgarnfabrik Tittel & Krüger das Areal. Auf 100 000 qm wurde fortan produziert. Ab 1969 nannte man den Betrieb VEB Buntgarnwerke Leipzig. Nach dem Zusammenbruch östlicher Leichtindustrie erkannte man die Möglichkeiten des denkmalgeschützten Baus. Büroeinheiten und Wohnungen, Läden, Kneipen und das Einkaufszentrum Elsterpark entstanden. Die Lofts des neuen Wohnkomplexes wurden mehrfach mit Preisen ausgezeichnet. Andere Wohneinheiten besitzen eigene Anlegestellen und Zugang zum Wasser.

Nonnenstr. 28 | Straßenbahn: Stieglitzstraße | www.buntgarnwerke.de

❷ Felsenkeller 🚋 A 3

Im Stil des Neobarock eröffnete die Brauerei Carl Wilhelm Naumann ein Ballhaus an der Straßenkreuzung mit Platz für mehr als 1000 Gäste. Architekt August Hermann Schmitt schuf Konzert- und Ballsaal wie ein großes Kellerkino. Der Festsaal etablierte sich schnell als Versammlungsstätte der Leipziger Arbeiterbewegung. Hier sprachen u. a. Karl Liebknecht, Rosa Luxemburg, Clara Zetkin, Ernst Thälmann und Wilhelm Pieck. 1946 reichten sich im Gebäude KPD und SPD Leipzigs die Hände und wurden zur SED. Im Kriege unzerstört, feierte man drauf unvergessene Feste vor Ort wie Jugendweihe oder Studentenfasching. Nach der Wende nutzten verschiedene Unternehmen die Räume. Ein Gesamtkonzept fürs legendäre Haus existiert bis heute nicht, sein Verfall ist offensichtlich.

Karl-Heine-Str. 32 | Straßenbahn: Felsenkeller

❸ Georg-Maurer-Bibliothek 🚋 A 3

Natürlich bietet eine Bibliothek Veranstaltungen rund ums Buch, doch ist die Georg-Maurer-Bibliothek viel mehr: Sie ist ein Wahrzeichen des Stadtteils. Das 1929 als städtische Bücherhalle im Bauhausstil von Otto Fischbeck errichtete Gebäude schuf optimale Bedingungen für Präsentation und Medienumgang. Dem Dichter Georg Maurer verpflichtet, beherbergt sie sein Archiv und widmet sich insbesondere der Stadtteilkultur.

Zschochersche Str. 14 | Straßenbahn: Felsenkeller | www.leipzig.de/unsere-bibliotheken/bibliotheken-in-den-stadtteilen/bibliothek-plagwitz-georg-maurer | Mo/Di/Do/Fr 10–18, Mi 13–17 Uhr

❹ Könneritzbrücke 🚋 B 3

Als eine der ersten Verbindungsbrücken des aufstrebenden Plagwitz baute man 1869 über die Weiße Elster die nach einem Diplomaten benannte Könneritzbrücke. Die Holzkonstruktion bot nicht mehr ausreichend Sicherheit, so entstand 1899 die markante Bogenkonstruktion aus genieteten Eisen- und Fachwerkträgern, die heute unter Denkmalschutz steht. Am Ufer bieten Restaurants Sicht auf Wasser und Eisen und servieren Kaffee, Kuchen und mehr.

Ende der Könneritzstraße (stadteinwärts) | Straßenbahn: Holbeinstraße

5 **Konsumzentrale** A 3

Eine Genossenschaft beruht auf einem gemeinschaftlichen Geschäftsprinzip. Im Konsumverein kauft man Waren zum Vorteil aller Mitglieder. Noch heute ist der »Konsum« Ostdeutschlands ernsthafter Konkurrent der großen Supermärkte. Seine Zentrale errichtete der Verein 1932 nach

Entwürfen von Fritz Höger, der auch das Chilehaus in Hamburg schuf. Der Komplex in Stahlbetonskelettbauweise überzeugt funktional wie architektonisch. Fensterbänder und Schlüsselglasscheiben akzentuieren den breit gelagerten Klinkerbau. Gesamtsaniert beherbergt er heute u. a. das Kommissariat des Leipziger »Tatorts«. Der je-

doch nicht immer überzeugt – erst recht nicht die Leipziger!
Industriestr. 85–95 | Straßenbahn: Karl-Heine-/Gießerstraße

6 Riverboat 📍 A 3

Als das »Riverboat«, die Talkshow des MDR, nach Leipzig zog, bekam sie ein architektonisch innovatives neues Domizil gleichen Namens über dem Karl-Heine-Kanal in Form eines Schiffes. Der MDR ging, neue Betreiber kamen und gingen, das Boot sank und sank. Nun scheint der Untergang aufgehalten: Der »Kulturhafen am Riverboat« versucht das Schiff wieder ins Fahrwasser zu bringen. Erste Veranstaltungen lassen auf mehr Passagiere hoffen.
Erich-Zeigner-Allee 45 | Straßenbahn: Industriestraße

7 Spinnerei 📍 westl. A 3

Die 1884 gegründete Baumwollspinnerei entwickelte sich zu Europas größter ihrer Art. Knapp 2000 Menschen arbeiteten noch 1989 im Werk. 1993 kamen Treuhand und Entlassungen, doch wurden die Hallen für alternative Projekte entdeckt. 2001 konnten die 90 000 qm erworben werden. Künstler, Galerien, Projekte, Handel mieteten sich ein. Heute steht die Spinnerei für Innovation, moderne Kunst und den Charme vergangener Industriearchitektur. Vertreter der Neuen Leipziger Schule wie Neo Rauch, Michael Triegel oder Matthias Weischer haben auf dem Gelände ihre Ateliers. Galerien laden zu Besuch und Kauf. Die alljährlichen Frühjahrs- und Herbstrundgänge tragen mittlerweile Volksfestcharakter. Ein Shop bietet die Marke Spinnerei zum Mitnehmen feil.

Spinnereistr. 7 | Straßenbahn/S-Bahn: S-Bahnhof Plagwitz | www.spinnerei. de | offen immer, die Galerien haben unterschiedliche Öffnungszeiten

MUSEEN UND GALERIEN

8 Museum für Druckkunst ▶ S. 114

ESSEN UND TRINKEN

Kulinarisch und preislich können in Plagwitz alle Wünsche befriedigt werden. Manche Einrichtungen jedoch sind so innovativ und verweigern sich dem Kommerz, dass sie nur aufzusuchen, nicht anders zu erreichen sind.

RESTAURANTS

9 Chinabrenner 📍 A 3

Ferner Osten – Nach Vorbild einer Garküche in Chengdu zugucken, was Chinas Köche fabrizieren: einzigartige Atmosphäre, ganz scharfe Küche.
Gießerstr. 18 | Straßenbahn: Karl-Heine-/Gießerstraße | Tel. 4 92 77 15 | www. chinabrenner.de | Mo 12–15, Di–Sa 12–23 Uhr | €€

10 Heine 📍 B 3

Insel im Großstadtmeer – Erlesene Weine in gediegener Atmosphäre, Speisen in raffinierter Zusammenstellung. Das Restaurant liegt direkt an der kleinen Luppe, mit schönem Garten.
Karl-Heine-Str. 20 | Straßenbahn: Nonnenstraße | Tel. 8 70 99 66 | www. restaurant-heine.de | Di–Sa 18–24 Uhr | €€€

11 Meins 📍 A 3

Wohlfühlambiente – Ein bissel wie Wohnzimmer, ein bissel wie Privatparty, hier kann man sich zu Hause fühlen von Frühstück bis Mitternachtsdrink.

Weißenfelser Str. 25 | Straßenbahn: Felsenkeller | Tel. 26 55 21 63 | www.meins-leipzig.de | tgl. ab 9 Uhr | €€

⑫ Noch besser leben ⚑ A 3

Szenetreff – Das Etablissement ist weder Kneipe noch Pension, es ist sehr eigen. Das Gründerzeithaus befindet sich in ständiger Renovierung und Verbesserung. Hier spielt die Kultur von Kneipenlyrik bis Independent Rock. Hier wird ohne Zeitbegrenzung ausgeschenkt. Nicht jedermanns Geschmack, sicher, doch ein gewichtiger Teil dessen, was die Stadt jung und attraktiv macht.

Merseburger Str. 25 | Straßenbahn: Karl-Heine-/Merseburger Straße | Tel. 9 75 73 30 | www.nochbesserleben.com | tgl. ab 19.30 Uhr, Freisitz sommers bis 22 Uhr | €

⑬ Pinocchio ⚑ B 3

Gediegen, doch locker – Pizza, Pasta, Fisch und Fleisch italienisch gewürzt und serviert in italienischem Ambiente mit italienischem Temperament. Der Sommer lässt im Grünen sitzen.

Karl-Heine-Str. 27 | Straßenbahn: Felsenkeller | Tel. 4 80 38 56 | www.pinocchioleipzig.de | Mo–Fr 11.30–14.30 und 18–0, Sa 18–24, So 10–14 und 18–22 Uhr | €€

⑭ Ristorante da Vito ⚑ B 3

Ein Hauch Venedig – Seit 18 Jahren residiert das Ristorante an der Weißen Elster und verbreitet original italienisches Flair nicht nur bei Speisen und Getränken. Zum Service gehören Fahrten in venezianischen Gondeln, die bis zu fünf Personen fassen, sich aber für romantische Fahrten zu zweit bestens eignen.

Die alten Industriehallen der früheren Leipziger Baumwollspinnerei (▶ S. 82) werden heute für Kunstausstellungen und Projekte aller Art genutzt.

Nonnenstr. 11b | Straßenbahn: Holbein-
straße | Tel. 4 80 26 26 | www.da-vito-
leipzig.de | tgl. 11.30–23 Uhr (von 1.10.–
30.4. Mo–Fr Mittagspause 14.30–17.30
Uhr), Freisitz sommers bis 23 Uhr | €€€

15 **Sonnenhof** A 3

Gründerzeit-Ambiente – Das grandiose Originalinterieur blieb erhalten,
die Küche ist der Heimat und Jahreszeit
verpflichtet und am Tisch im Hinterhof kann man die Zeit vergessen.
Weißenfelser Str. 15 | Straßenbahn:
Felsenkeller | Tel. 4 80 67 52 | www.
restaurant-sonnen-hof.de | Di–Fr 11.30–
14.30 und 18–23, Sa 18–0, So 11.30–
14.30 Uhr | €€

16 **Stelzenhaus** ▶ S. 28

17 **Zum wilden Heinz** A 3

Landleben in der Stadt – Der wilde
Heinz ist ein Ziegenbock und kann ge-
streichelt werden wie auch andere frei
laufende Tiere, die Gastronomie existiert um sie herum: bissel Dorf, bissel
Pippi Langstrumpf, bissel Streichelzoo.
Hähnelstr. 22 | Straßenbahn: Karl-Hei-
ne-/Merseburger Straße | Mo–Fr 15–22,
Sa/So 11–22 Uhr | €

CAFÉS

18 **Kanal 28** westl. A 3

Am Kanal und im Grünen gelegen, beherbergt das Haus neben Café auch
Bühne, Galerie und Jugendeinrichtun-
gen. Vor den Türen ein Spielplatz. Ein
Bootsanleger erlaubt Fahrten auf dem
Leipziger Flusssystem.
Am Kanal 28 | Straßenbahn: Busbahn-
hof Lindenau | Tel. 4 20 60 70 | www.
kanal-28.de | Di–Fr 11.30–0, Sa/So 10–
0 Uhr

EINKAUFEN

BÜCHER

19 **Buchhandlung Grümmer** A 3

Im ältesten Steinbau des Stadtteils residiert eine gut geführte, übersichtlich
gestaltete Buchhandlung, die sich in
Szene und E-Books bestens auskennt,
belesene Bedienung inklusive.
Zschochersche Str. 18 | Straßenbahn:
Felsenkeller | www.buchhandlung-
gruemmer.de | Mo–Fr 9–18, Sa 10–12 Uhr

FAHRRÄDER

20 **Rotorbikes** westl. A 3

Die Räder werden individuell nach den
Kundenwünschen gefertigt – jedes Rad
ein Unikat. Einblick in die Werkstatt
wird gewährt, in gemütlicher Sofaecke
kann bei Kaffee mit Team, Nutzern
und Interessierten geplaudert werden.
Spinnereistr. 7 (in der Spinnerei) |
Straßenbahn/S-Bahn: S-Bahnhof
Plagwitz | www.rotorbikes.com |
Di–Fr 11–19, Sa 11–17 Uhr

FRISUREN

21 **Madame Käthe** A 3

Aussehen wie Elvis, Bill Haley, Buddy
Holly und dazu die Damen mit Dutt
und Ringellocke. Salon Madame Käthe
macht's möglich, die Rockabilly-Ära ist
zurück!
Karl-Heine-Str. 68 | Straßenbahn: Non-
nenstraße | www.madame-kaethe.
de | Mo 9–18, Di–Do 9–20, Fr 10–21 Uhr

KRIMSKRAMS

22 **Hafen** A 3

Angelegt im Hafen bekommt man alles, was das Herz begehrt: Seesäcke,
Pullover, Magnete, Vasen, Stempel, Sti-
cker, Geschenkpapier. Sehr individuell.
Merseburger Str. 38 | Straßenbahn: Karl-

Heine-/Merseburger Straße | www. hafen-leipzig.de | Mo–Fr 13–19, Sa 11–17 Uhr

KULTUR UND UNTERHALTUNG

Projekte, Initiativen und Veranstalter firmieren einmal jährlich mit Programm unterm Label »Westkultur« und laden ein zum Westbesuch (www. westbesuch.de).

THEATER UND KLEINKUNST

23 Schaubühne Lindenfels A3

Als Gesellschaftshalle konzipierte Emil Franz Hänsel das »Schloss Lindenfels« im Jugendstil mit prächtigem Ballsaal. Heute bietet das charmant-morbide Gebäude freie Kultur und Café.
Karl-Heine-Str. 50 | Straßenbahn: Karl-Heine-/Merseburger Straße | www.schaubuehne.com

24 Tapetenwerk A3

1873 als Tapetenwerk Langhammer gegründet, produzierte auch die DDR im VEB Verpackungsmittelkombinat Tapeten, als Leipziger Tapeten GmbH fertigte man bis 2006 Platzdeckchen für die Lufthansa. Seit 2007 nutzt vor allem die kreative Szene die acht Hallen, Essen bietet die »Plattenküche«.
Lützner Str. 91 | Straßenbahn: Henriettenstraße | www.tapetenwerk.de

25 Westwerk A3

Das Industriegebäude, in dem Armaturen und Dampfkraftanlagen produziert wurden, gibt heute vielen Sparten Raum. Von Theaterpack bis Galerie, von Porzellanstudio bis Disco.
Karl-Heine-Str. 93 | Straßenbahn: Karl-Heine-/Gießerstraße | www.westwerk-leipzig.de

Entspannt lässt es sich auf der Terrasse des Cafés Kanal 28 (▶ S. 84) sitzen, auch zu einer Fahrt auf dem besagten Kanal kann man vom eigenen Bootsanleger des Cafés starten.

ZENTRUM-SÜD UND SÜDVORSTADT

Zwischen Reichsgerichtsgebäude und Panometer, Bayrischem Bahnhof und Fockeberg erstreckt sich der vielleicht lebendigste Stadtbezirk Leipzigs: die Südvorstadt. Vor allem Familien und Studenten wohnen hier. Abends trifft man sich zum Kneipenbummel auf der Karli.

1864 wurde der »allgemeine Bebauungsplan für die Südseite der Stadt« genehmigt. Vom Reißbrett führte das neue Straßennetz rechtwinklig aufeinander. Allein die Connewitzer Chaussee (heute Kochstraße) entlang der alten Handelsstraße via imperii behielt ihren gekrümmten Verlauf. Erst in den 1920er-Jahren war die Bebauung abgeschlossen. So zeigt die Architektur des Viertels nicht nur den **Historismus** der Gründerzeit, sondern auch **Art déco** und **Jugendstil**. Vor allem Wohnungen entstanden. Die Häuserhöhe sollte die Straßenbreite nicht überschreiten. Im Viereck umschließen sie meist grüne Innenhöfe. Im Erdgeschoss und Souterrain fanden Handwerksbetriebe und Geschäfte Raum. Südlich des Bayrischen Bahnhofs entstand der Kohlebahnhof für die Stadt und gab der Kohlen-

◀ Wohngebiete entlang der Karl-Liebknecht-
(▶ S. 87) und der Kochstraße (▶ S. 86).

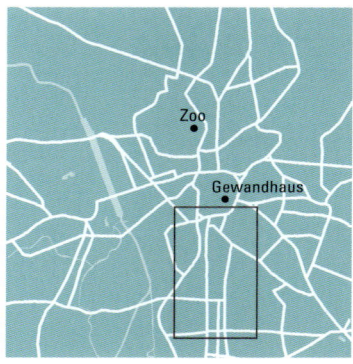

straße ihren Namen. Weiter südlich plante Stadtbaurat Hugo Licht
Deutschlands größte **Schlachthof-
anlage**, deren Gelände und erhaltene Klinkersteingebäude derzeit
von MDR und anderen Medienbe-
trieben genutzt werden. Kirchen
und Schulen wurden errichtet.
1906 übergab man das **Königliche
Landgericht** nebst Gefängnis sei-
ner Bestimmung. Die Kriegschäden wurden bis in die 1960er-Jahre
hinein behoben, sodass zwischen Gründerzeit abrupt sozialistischer Plattenbau zu sehen ist. Der Altbau verfiel.

EINE KNEIPENMEILE MIT GESCHICHTE

Nach 1989 erlebte die Südvorstadt Wende und Aufschwung. Sorgsam
wurde die Bausubstanz modernisiert. Kennzeichnend für das Lebensge-
fühl des Familien- und Studentenquartiers ist Leipzigs wohl berühmteste
Kneipenmeile: die **Karl-Liebknecht-Straße**, genannt die Karli. Mehrere
Namen wurden ihr zuvor gegeben und zeugen auch darin von Geschichte: Zeitzer- und Südstraße, Adolf-Hitler-Straße, dann Karl-Liebknecht.
Dieser wurde 1871 hier im Stadtviertel geboren. Am 17. Juni 1953 demonstrierten an ihrem Beginn vor dem alten Amtsgericht die DDR-Arbeiter.
Mittlerweile ist die Karli beliebter Treffpunkt von Szene und Leipzigern,
aber auch von Besuchern der Stadt. Die Zahl der Kneipen steigt stetig.
Und meist bieten sie auch Kultur: Livemusik oder Ausstellungen. Ohne
ein Flanieren auf der Meile ist der Besucher nie in Leipzig gewesen!

SEHENSWERTES

① Connewitzer Kreuz  **D 5**
1496 setzte die Stadt Leipzig an die
Weggabelung vor Connewitz ein soge-
nanntes Weichbildzeichen, eine sichtbare Marke, die einen vor der Stadt gelegenen, aber rechtlich unterstellten
Bezirk begrenzte. 1536 wurde das Holz-

kreuz durch eines aus Stein ersetzt. Das
Original steht im Stadtgeschichtlichen
Museum, an der alten Stelle markiert
seine Kopie das territoriale Ende der
Südvorstadt.
Südvorstadt | Straßenkreuzung Conne-
witzer Kreuz | Straßenbahn: Connewitz,
Kreuz

❷ Feinkost-Leuchtreklame D 3/4

Bunt und beweglich präsentiert sich die Neonreklame der Löffelfamilie seit 1973 am ehemaligen Betrieb des VEB Feinkost Leipzig. Längst ist das Lichtspiel zum Kult erhoben und leuchtendes Wahrzeichen der Kneipenmeile. Im alten Fabrikgebäude der Feinkost präsentieren sich unangepasste Geschäfte, des Sommers Freiluftkino.

🕐 Jeden ersten Sa im Monat gibt's einen Flohmarkt im Hof der Feinkost. Er ist mittlerweile Kult, hier trifft man sich, hier plaudert man und diskutiert.

Südvorstadt | Karl-Liebknecht-Str. 36 | Straßenbahn: Südplatz | www.loeffel familie.de, www.feinkostgenossenschaft. de

❸ Hochschule für Technik, Wirtschaft und Kultur (Geutebrück-Bau) D 5

Das Gebäude wurde als Königlich-Sächsische Baugewerkenschule 1913 fertiggestellt. Sein Turm ist weithin sichtbar. Ein Relief am Erker erinnert an das alte Domizil in der Leipziger Pleißenburg. Heute residiert im Geutebrück-Bau das Rektorat der HTWK.

Südvorstadt | Karl-Liebknecht-Str. 132 | Straßenbahn: Karl-Liebknecht-/Richard-Lehmann-Straße | www.htwk-leipzig.de

❹ Justizblock D 3

Das alte Leipziger Bezirksgericht stand in der Petersstraße, in ihm fand 1872 der Hochverratsprozess gegen Wilhelm Liebknecht und August Bebel statt. Heute erinnert eine Tafel (Beethoven-/Ecke Karl-Liebknecht-Straße). Das Gebäude wurde im Zuge des Umbaus zum Justizblock abgerissen, es entstanden ab 1876 bis 1932 neue Justiz-

und Polizeigebäude. Im Hof des Landgerichts richtete man 1934 Marinus van der Lubbe hin, der wegen des Reichstagsbrands zum Tode verurteilt worden war. Vor dem Landgericht (Straße-des-17.-Juni) skandierten die Demonstranten am 17. Juni 1953 ihre Losungen. Im Untersuchungsgefängnis saßen auch im Herbst 1989 Bürgerrechtler der DDR.

Zentrum-Süd | Dimitroffstr. 1–5, Peterssteinweg 8, Harkortstr. 9, Straße-des-17.-Juni 2

❺ MDR E 5

Die Intendanz und der Fernsehfunk der Dreiländeranstalt Mitteldeutscher Rundfunk haben ihren Sitz in Leipzig. Auf dem Gelände des alten Schlachthofs konnte man wenige der Klinkerhäuser erhalten. Dominiert wird das Gelände vom 13-stöckigen MDR-Hochhaus, das einem Bildschirm nachempfunden wurde. »Brisant« wird von hier aus live in die ARD gesendet. Touren mit Besuch der Studios sind buchbar.

Südvorstadt | Kantstr. 71–73 | S-Bahn: MDR | www.mdr-die-studiotour.de

Wollen Sie's wagen?

Noch immer das Flaggschiff neuer Nachricht: die »Tagesschau«. Auf der Tour durch die MDR-Studios (▸ S. 88) und an den Büros der Stars vorbei ist es jedem Besucher möglich, sich vor die Kamera zu setzen und vom Blatt die Weltneuigkeiten vorzulesen. Persönliches Fernsehen zum Mitnehmen.

6 Mediacity E 4/5

In unmittelbarer Nähe zum MDR entstand die Mediacity als fünfriegeliger Bau. In ihm mieten vor allem Unternehmen der Medienbranche. Die Talkshow »Riverboot« sendet von hier. Auch die Saxonia, die die Ärzte-Soap »In aller Freundschaft« produziert. So steht am Seitenflügel »Chirurgische Klinik Haus B«, und Besucher können mit Anmeldung Station und Personal besuchen.

Südvorstadt | Altenburger Str. 13 | S-Bahn: MDR | www.mediacity-leipzig.de

7 Peterskirche D 3

Der typische Gründerzeitbau im Stil der Neogotik wurde von den Architekten August Hartel und Constantin Lipsius geplant. Das mittlere der drei Kirchenschiffe misst 17 m in der Breite. Der Glockenturm steht dezentral rechts des Hauses und dominiert die Silhouette der Südvorstadt. Die höchste frei stehende Wendeltreppe führt zum Umgang unter der 88 m hohen Kirchenspitze. Bis heute sind einige der Kriegsschäden an den Fenstern und im Inneren nicht behoben. Kulturbetrieb füllt die 2500 Plätze.

Zentrum-Süd | Schletterstr. 5 | Straßenbahn: Hohe Straße | www.peterskirche-leipzig.de

8 Propsteikirche 🚩 D 2

Die alte katholische Propsteikirche fiel 1943 in Trümmer. Im südlichen Stadtzentrum entsteht sie jetzt neu. Ironie der Geschichte: Ihre Adresse lautet nunmehr Martin-Luther-Ring 1.

Zentrum-Süd | Martin-Luther-Ring 1 | Straßenbahn: Neues Rathaus

9 Ringbebauung Roßplatz D 2

1955 wurden die Wohnungen übergeben, Architekt Rudolf Rohrer und die DDR waren stolz. Das Ring-Café in der Mitte des Blocks war berühmt-berüchtigtes Tanzlokal, heute liegt es am Stadtrand. Auf dem Roßplatz verhaftete man 1821 Johann Christian Woyzeck – durch Georg Büchners Drama Leipzig bekanntester Mörder und Friseur.

Zentrum-Süd | Roßplatz 1–14 | Straßenbahn: Roßplatz

10 Stadtbibliothek D 3

Kaufmann Franz Dominic Grassi ermöglichte Leipzig den Bau eines Völkerkunde- und Kunstgewerbemuseums. So zeigen die Figuren der neoklassizistischen Fassade unterschiedliche Ethnien. Nach Nutzung als Messehaus und Kombinatssitz beherbergt das Gebäude seit 1990 die Stadtbibliothek. Beeindruckend ist der Oberlichtsaal im zweiten Stock.

Zentrum-Süd | Wilhelm-Leuschner-Platz 10 | S-Bahn: Wilhelm-Leuschner-Platz

11 Südplatz D 4

Ausgangspunkt und Zentrum der Kneipenmeile. Eine restaurierte öffentliche Bedürfnisanstalt im Jugendstil präsentiert sich hier als Grill »Burgermeister«, der auch nachts geöffnet hat. Von hier aus lassen sich die Touren die Karli entlang planen.

Südvorstadt | Straßenbahn: Südplatz

12 Wohnhaus Schletterstraße 18

D 3

Eine Tafel an der Fassade ehrt Lene Voigt (1891–1962), die Meisterin der sächsischen Sprache. Nach großen literarischen Erfolgen verachtete sie der Faschismus, die Arbeitermacht steckte sie ins Irrenhaus. Spät entdeckte man die Autorin wieder, heute ist sie Inbegriff sächsischen Humors und sächs'scher Gemietlichgeet.

Zentrum-Süd | Straßenbahn: Hohe Straße

MUSEEN UND GALERIEN

⑬ Panometer ▶ S. 116

ESSEN UND TRINKEN

RESTAURANTS

⑭ Bistro Alfredo 📖 D 3

Wohl bester Italiener der Stadt – Tatsächlich schmecken Pizza und Pasta hausgemacht. Der Familienbetrieb ist vom beengten Hinterhof ins größere Etablissement gezogen. Zur Freude von Alfredos Fans.

Zentrum-Süd | Riemannstr. 50 | Straßenbahn: Bayrischer Platz | Di–Fr 12–15 und 18–22.30, Sa 18–22.30, So 17–22.30 Uhr | €€

⑮ Kollektiv 📖 D 4

Anno dazumal – Restaurant, das auf Retro setzt: Grilletta, Szegediner Gulasch, Kalter Hund etc. Besonderheit: tschechisches Bier, Knedlícki mit Ei.

Südvorstadt | Karl-Liebknecht-Str. 72 | Straßenbahn: Karl-Liebknecht-/Kurt-Eisner-Straße | Tel. 3 06 70 04 | www.gaststaette-kollektiv.de | tgl. ab 11 Uhr | €€

⑯ Lulu Lottenstein 📖 D 4

Mit künstlerischem Touch – Benannt nach jung verstorbener und unbekannter Künstlerin, versucht die Einrichtung den Spagat zwischen Café, Restaurant und Bar. Klappt nicht immer.

Die bunte und bewegliche Neonreklame der Löffelfamilie am Eingang der Feinkost (▶ S. 88) avancierte zum Kultobjekt und Wahrzeichen der Kneipenmeile Karli.

Südvorstadt | Karl-Liebknecht-Str. 63 |
Straßenbahn: Südplatz | Tel. 3 08 26 13 |
www.lulu-lottenstein.de | tgl. 9–0 Uhr |
€€

⓱ Volkshaus   📖 D 3

Essen fürs Volk – An dieser Stelle steht
seit 1906 ein Gewerkschaftshaus.
Mehrmals abgebrannt und wiederauf-
gebaut, ist es heute Sitz des DGB und
ver.di. Das Restaurant des Erdgeschosses bietet 150 Plätze im Inneren, 150 im
grünen Hinterhof und vorn zur Straße
noch einmal 50. Reichhaltige Karte,
Spezialität Flammkuchen. Leider lange
Pausen zwischen den Servierphasen.
Südvorstadt | Karl-Liebknecht-Str. 32 |
Straßenbahn: Hohe Straße | Tel. 2 12
72 22 | www.volkshaus-leipzig.de |
tgl. ab 9 Uhr (warme Küche 11–0 Uhr) |
€€

CAFÉS
⓲ Café Grundmann   📖 D 4

Das letzte echte Wiener Café Leipzigs
fasziniert im Stil des Art déco und be-
sitzt legendären Ruf aufgrund seiner
Künstlerstammtische, so trifft man
auch heute auf Größen der gestandenen
Szene wie Ines Krautwurst, Andreas
Reimann oder Bernd-Lutz Lange.
Südvorstadt | August-Bebel-Str. 2 |
Straßenbahn: Südplatz | Tel. 2 22 89 62 |
www.cafe-grundmann.de | Mo–Fr 8–0,
Sa 9–0, So 9–20 Uhr

⓳ Café Waldi   📖 D 3

Auf zwei Etagen rustikales Ambiente
und preisgünstige Küche, Freisitz an
der Magistrale gegenüber der Mensa
im alten Amtsgericht. Großer Raucher-
bereich. Etwas schleppende Bedienung.

Im eleganten Jugendstil-Café Maître (▶ S. 93) kehrt man gern zum Frühstück, zu Kaffee und
Kuchen oder auch auf eine herzhafte Quiche ein.

Zentrum-Süd | Peterssteinweg 10 | Straßenbahn: Hohe Str. | Tel. 4 62 56 67 | www.cafewaldi.de | Mo–Fr ab 11.30, Sa/So ab 9 Uhr

20 Maître D 4

Jugendstil-Café mit Galerie und reichem Kuchenangebot, besonderes Augenmerk gilt den französischen Varianten. Hier ditschen auch Damen mit Hut den Keks in ihren Kaffee.

Südvorstadt | Karl-Liebknecht-Str. 62 | Straßenbahn: Karl-Liebknecht-/Kurt-Eisner-Straße | Tel. 30 32 89 24 | www.cafe-maitre.de | Mo–Fr 8–1, Sa 9–1, So 9–20 Uhr

21 Suedbrause D 5

1890 entstand an der Straßenkreuzung ein Volksbrausebad, bis 1980 konnte das Volk hier Wannenbäder nehmen. Nunmehr gern genutzter Stadtteiltreff mit Angeboten für jede Tageszeit, auch Kuchen und Eis am Nachmittag.

Südvorstadt | Karl-Liebknecht-Str. 154 | Straßenbahn: Connewitz, Kreuz | Tel. 3 91 01 81 | www.suedbrause.de | Mo–So ab 9 Uhr

KNEIPEN

22 KilliWilly D 4

Eines der ältesten Häuser der Straße, heute Irish Pub der Sonderklasse mit reichhaltigster Auswahl an Bieren und Whisk(e)ys. Englischsprachige Einwohner der Stadt haben die Kneipe zu ihrem Lieblingstreff erkoren. Kleines, aber feines warmes Speiseangebot. Dienstag gibt es Fish 'n' Chips.

Südvorstadt | Karl-Liebknecht-Str. 44 | Straßenbahn: Südplatz | Tel. 2 11 43 22 | www.killiwilly.de | Mo–Do 10–3, Fr–So 10–5 Uhr

23 Puschkin D 4

Auf zwei Etagen rustikales Ambiente, gemütlicher Fasskeller. Name nach dem Großmeister russischer Literatur, Logo ist ein Sowjetstern. Besonderheit: Chillum mit reicher Cocktailkarte und aromatische Shisha.

Südvorstadt | Karl-Liebknecht-Str. 74 | Straßenbahn: Karl-Liebknecht-/Kurt-Eisner-Straße | Tel. 3 91 01 05 | www.cafepuschkin.de | tgl. 9–2 Uhr

EISDIELE

24 Pfeiffers Eisdiele D 4

An den Rezepturen hat sich seit 1953 nichts geändert, und bestimmte Sorten werden noch immer in der Muschelwaffel gereicht. Noch mal so lecker wie in der Tüte.

Südvorstadt | Kochstr. 20 | Straßenbahn: Südplatz | Tel. 3 91 37 90 | Mo–Fr 12–18, Sa/So 13–18 Uhr

EINKAUFEN

KINDER

25 Kinderbuchladen Serifee D 3/4

Gut sortiertes Angebot für (sogenannte) kleine Leser bis 14 Jahre, mit gemütlicher Leseecke. Motto: Sich großlesen!

Südvorstadt | Karl-Liebknecht-Str. 36 (in der Feinkost) | Straßenbahn: Südplatz | www.kinderbuchladen-serifee.de | Mo–Fr 10–18, Sa 10–14 Uhr

MODE

26 Graue Maus D 4

Designerin Maria Schenke besitzt eine schwarze Seele und kreiert graue Mode, die bunter wirkt als manch Koloriertes. »Ironie und Albernheit sind meine bevorzugten Stilmittel«.

Südvorstadt | Karl-Liebknecht-Str. 50 | Straßenbahn: Südplatz | www.grauemaus.de | Mo–Fr 11–18 Uhr (Änderungen möglich)

27 Mrs. Hippie ▶ S. 37

28 Pussy Galore und Her Man 🔖 D 4
Unangepasster Modeladen, der Skunk-Funk und Exota präsentiert. Da Pussy sich zu weiblich orientiert, eröffnete nebenbei Her Man. Sehr individuell.
Südvorstadt | Karl-Liebknecht-Str. 52 | Straßenbahn: Südplatz | www.pussy-galore.biz | Mo–Fr 11–20, Sa 11–18 Uhr

SCHMUCK
29 Glasbläserei Kind 🔖 D 3
1988 gründete Meister Harald Kind Werkstatt und Laden, vielfältig und fantasievoll sind seine Produkte, ob Schmuckstück oder Gebrauchsgegenstand. Besuch lohnt.
Südvorstadt | Bernhard-Göring-Str. 34 | Straßenbahn: Körnerstraße | www.glasblaeserei-kind.de | Mo/Di/Do/Fr 8–16, Mi 8–18 Uhr

30 Perlentaucher 🔖 D 4
Perlen aller Farben, aller Art und aller Herkunft. Hier finden Sie den individuellen Schmuck – und wenn Sie keinem Designer vertrauen, kreieren Sie ihn hier einfach selbst.
Südvorstadt | Karl-Liebknecht-Str. 51 | Straßenbahn: Südplatz | www.perlentaucher-leipzig.de | Mo–Fr 11–19, Sa 11–15 Uhr

SCHUHE
31 Fußgänger 🔖 D 3/4
Schuhmachermeister Peter Hartwig fertigt Ihren ganz persönlichen Schuh nach Maß und Wunsch. Auch Reparaturen hochwertiger Schuhe.

Südvorstadt | Karl-Liebknecht-Str. 36 (in der Feinkost) | Straßenbahn: Südplatz | www.fussgaenger.jimdo.com | Di–Fr 10–19 Uhr

SPIELE
32 Capito 🔖 D 3/4
Der Spieleladen, der nicht nur auf die angesagten Trends und die altbewährten Brett- und Kartenspiele setzt, hat Baukästen aller Art und viel Interessantes mehr zu bieten. Eine Dependance gibt's im Städtischen Kaufhaus, Gewandgässchen.
Südvorstadt | Karl-Liebknecht-Str. 36 (in der Feinkost) | Straßenbahn: Südplatz | www.capitodresden.de | Mo–Fr 10–19, Sa 10–18 Uhr

KULTUR UND UNTERHALTUNG
CLUBS, KNEIPEN UND MUSIKLOKALE
33 Flowerpower 🔖 D 3
Wenn nichts mehr geht, das FloPo geht noch. Sagenhafte Theke mit geschultem Personal, das sofort abkassiert. Drinks und Musik in schummriger, rauchgeschwängerter Atmosphäre. Oft Live-Auftritte von Szene- und namhaften Künstlern und DJs.
Zentrum-Süd | Riemannstr. 42 | Straßenbahn: Hohe Straße | www.flowerpower.eu/leipzig | Mo–So 19–5 Uhr (und länger) | €€

34 Horns Erben 🔖 D 4
An jener Stelle hatte die legendäre Schnapsbrennerei Horn ihren Ausschank. Die Erben haben die Fassade historisch genau wiederhergestellt und präsentieren neben dem Gaststättenbetrieb engagiertes Kulturprogramm.
Südvorstadt | Arndtstr. 33 | Straßenbahn: Südplatz | www.horns-erben.de

35 Werk II   D 5

Gegründet als Gasmesserfabrik entstanden mehrere in ihrer Architektur sehr unterschiedliche Hallen. Vereine und Initiativen haben heute hier Quartier, vor allem als Konzertveranstalter hat sich das Werk II überregional einen Namen gemacht. Aber auch so beeindruckt das Betriebsgelände.

Südvorstadt | Kochstr. 132 | Straßenbahn: Connewitz, Kreuz | www.werk-2.de

KINO

36 Kinobar Prager Frühling   D 5

Die Bar des Kinos steht mitten im Saal. Doch besticht hier die Programmgestaltung, die sich geschickt neben dem Mainstream entlanghangelt, ohne zu verkopfen: Familienfreundliches, Legendäres und Angesagtes. Entdeckungen garantiert.

Südvorstadt | Bernhard-Göring-Str. 152 | Straßenbahn: Connewitz, Kreuz | www.kinobar-leipzig.de

THEATER UND KLEINKUNST

37 Die naTo   D 4

An dieser Stelle errichteten Genossen die Holzbaracke der Nationalen Front, dem Wahlbündnis aller gesellschaftlichen Organisationen in der DDR. 1982 entstand das Gebäude mit Veranstaltungssaal aus Stein, Fundament auch für den Namen des heutigen Kulturbetriebs. Cinématèque, Theater und Konzert zeugen von unorthodoxem Spielplan. In der Kneipe trifft sich Szene und Publikum.

Südvorstadt | Karl-Liebknecht-Str. 46 | Straßenbahn: Südplatz | www.nato-leipzig.de | Kneipe tgl. ab 19, sommers ab 16 Uhr

38 Haus Steinstraße   D 5

Ein Gründerzeitgebäude, das wirklich lebt: In ihm haben unterschiedliche Vereine, Initiativen und Bürger Platz gefunden, die Kultur und Kunst über ihre Werkstatt hinaus präsentieren wollen: Ausstellungen, Theater, Verlag. Im Souterrain lädt das Café Yellow zum Verweilen ein.

Südvorstadt | Steinstr. 18 | Straßenbahn: Karl-Liebknecht-/Kurt-Eisner-Straße | www.haus-steinstrasse.de

39 Ilses Erika   D 5

Die Szenebühne im Keller des Hauses der Demokratie hat sich längst einen Namen gemacht und begeistert durch unkonventionelle Programmgestaltung von Konzert bis Mitmachshow. Manch einer, der es aus dem Untergrund auf die großen Bühnen schaffte. Einfach toll.

Südvorstadt | Bernhard-Göring-Str. 152 | Straßenbahn: Connewitz, Kreuz | www.ilseserika.de

Wollen Sie's wagen?

Der Trümmerhügel Fockeberg in der Südvorstadt gewährt ganzjährig einen fantastischen Weitblick und einmal im Jahr, im Mai, ein Volksfest für jedermann. Beim Seifenkistenrennen »Prix de Taco«, veranstaltet von der Kulturkneipe naTo (▶ S. 95), kann ein jeder mit was auch immer diesen Hügel hinunterrollen. Bergab mit Schmackes – eine Riesengaudi für Groß und Klein.

www.natoseifenkiste.wordpress.com

MUSIKVIERTEL

Eine Stadt, die sich zu Recht Musikstadt nennt, besitzt naturgemäß auch ein Musikviertel. Offiziell ist es die Südwestvorstadt, die sich beim Neuen Rathaus an die City anschließt. Ihre Grenzen bilden der Johanna- und der Clara-Zetkin-Park, die Wundt- und Harkortstraße.

Seinen Namen im Volksmund erhielt der Stadtteil durch das 1884 nach Plänen von Martin Gropius und Heinrich Schmieden hier fertiggestellte **Zweite Gewandhaus**. Größtenteils aus Spenden finanziert, fasste der Große Saal 1500 Besucher, der kleine 650. Zur Eröffnung am 11. Dezember 1884 erklangen Werke von Beethoven, Bach und Mendelssohn-Bartholdy. Gewandhauskapellmeister Carl Reinecke dirigierte unter Anwesenheit von Sachsen-König Albert. Leipzig war begeistert. Der Zweite Weltkrieg zerstörte das Gebäude. An seinem Platz steht heute das **Geisteswissenschaftliche Zentrum** der Uni Leipzig. Die umliegenden Straßen wurden (fast ausschließlich) nach Musikern benannt: Mozart, Haydn, Telemann, Schumann, Beethoven etc.

Ehedem lagen auch im Südwesten vor Leipzigs Toren Tümpel, Teiche und Morast. Die Nonnenmühle mahlte am Flüsschen. Die Flöße mit Bauholz

◀ Mit prachtvollen Innenräumen beeindruckt die Bibliothek Albertina (▶ S. 97).

landeten am Floßplatz an. Leipziger legten Parzellen für ihre Gärten hier trocken. Die Universität bewirtschaftete seit 1806 an der Wasserkunst Gelände mit ihrem Botanischen Garten. Wilhelm Seyfferth machte eine sumpfige Wiese zum **Johanna-Park** und schenkte sein Grün der Stadt. Der Floßplatz wurde im beginnenden Industriezeitalter umgestaltet – die Eisenbahn transportierte Holz schneller und sicherer. Das Bett der Alten Pleiße verfüllte man. Den **Botanischen Garten** legte man an die Lennéstraße. Damit hatte man im Südwesten Baugrund für die rasant wachsende Metropole geschaffen. Die Stadt kaufte das Land, es wurde entwässert und aufgeschüttet. Man plante hier Großes.

So bestimmen die Silhouette des Viertels Monumentalbauten der Gründerzeit. Zuförderst die fast 70 m hohe Kuppel des **Reichsgerichts**. Dahinter die Universitätsbibliothek, die **Hochschule für Musik und Theater**, die **Hochschule für Grafik und Buchkunst**, die **Hochschule für Technik, Wirtschaft und Kultur**. Daneben Villen und Bürgerhäuser, die von Geld und Macht ihrer Erbauer zeugen. Ein **Gründerzeitviertel**, dessen Straßenverläufe am Reißbrett festgelegt wurden. Vieles hat sich erhalten. Nur die südwestlichste Spitze legte der Zweite Weltkrieg in Schutt und Asche. Aus dem Sozialismus stammen die Plattenbauten. Die Studentenschaft macht den Stadtbezirk zu einem jungen Bezirk, die Nähe zum Grün und die Gründerzeitarchitektur zu einem bevorzugten Wohnort.

SEHENSWERTES

1 Albertina  **C/D 3**

Der Leipziger Architekt Arwed Rossbach gewann 1885 die Ausschreibung zum Bau der Universitätsbibliothek Albertina. 1891 im Stil des Historismus fertiggestellt, erinnert die 107 m lange Fassade an französische Schlösser, der Schmuck an die italienische Hochre-naissance. Prächtig ausgestattet sind die Innenräume. 30 000 ständige Leser sind mehr als die Zahl der eingeschriebenen Universitätsstudenten in Leipzig. Auch die wechselnden Ausstellungen (meist im Kellergeschoss), die Schätze aus den Magazinen und vieles Interessante mehr zeigen, lohnen einen Blick.

Beethovenstr. 6 | Straßenbahn: Neues Rathaus | www.ub.uni-leipzig.de | Mo–Sa 8–0 Uhr, Führung jeden 1. Sa im Monat 15 Uhr, Ausstellungen Mo–Sa 10–18 Uhr

❷ Clara-Zetkin-Park   C 3

Der 30 km lange Auenwaldgürtel durch Leipzig wurde in Zentrumsnähe zum englischen Landschaftspark gestaltet. 1955 wurden alle Parkteile »zwangsvernamt«. Nach gewollter Rückbenennung tragen heute nur noch der ehemalige Albert- und Scheibenholzpark den Namen Clara Zetkins, »weil sich der Name bei der Bevölkerung durchgesetzt hat«. Er ist erstes Naherholungsgebiet im Stadtraum, bietet Platz für Freilichtbühne, Jogging, Walking, Inlineskaten und Grillen. Das Denkmal der Frauenrechtlerin steht am südlichsten Zipfel des Johanna-Parks (▶ S. 100).
Straßenbahn: Klingerweg/ Straßenbahn: Telemannstraße

Partybrücke   **10**

In lauen Sommernächten zieht es Leipzigs Jugend und Szene zur Sachsenbrücke im Clara-Zetkin-Park. Hier gibt es spontane Jam-Sessions und Auftritte aller Art. Musik, Spaß und pure Lebensfreude (▶ S. 14).

---

❸ Galopprennbahn Scheibenholz   C 4

1867 baute man das Scheibenholz, einen Teil des Leipziger Auenwalds, zur Galopprennbahn um. Beeindruckend ist die (mittlerweile restaurierte) Holz-

tribüne. Regelmäßiger Rennbetrieb findet wieder statt, auch ein Gastronomiebetrieb mit Biergarten hat neu geöffnet. Vor Ort erlebte August Horch seine Initialzündung und die Liebe: von der Pferdestärke zu PS.
Wundtstr. 4 | Bus: Telemannstraße | www.galoppimscheibenholz.de

❹ Hochschule für Grafik und Buchkunst   C 3

1764 gründete man in Leipzig eine Kunstakademie. Deren erster Rektor war Adam Friedrich Oeser, der auch Goethe unterrichtete. Heute residiert die Hochschule für Grafik und Buchkunst im 1890 eröffneten Gebäude nach überarbeiteten Plänen des Architekten Otto Warth. Die Fassadengestaltung verweist auf die Nutzung des Hauses, zeigt u. a. allegorische Gewandfiguren und bedeutende Künstler. Die Liste namhafter Rektoren, Dozenten und Absolventen ist lang. In der modernen Malerei gelangte die Leipziger Schule (Mattheuer, Tübke, Heisig, Rink, Hachulla, Peuker u. a.) und die Neue Leipziger Schule (Rauch, Triegel, Schnell, Weischer u. a.) zu Weltgeltung. Sie beschreibt keine bestimmte Lehrmethode, sondern weist stilistisch eine große Bandbreite auf.
Wächterstr. 11 | Straßenbahn: Neues Rathaus | www.hgb-leipzig.de

❺ Hochschule für Musik und Theater   C 3

Auf Initiative des Gewandhauskapellmeisters Felix Mendelssohn-Bartholdy eröffnete am 2. April 1843 das Königliche Conservatorium der Musik als erste höhere musische Bildungsanstalt Deutschlands. Hugo Licht konzipierte

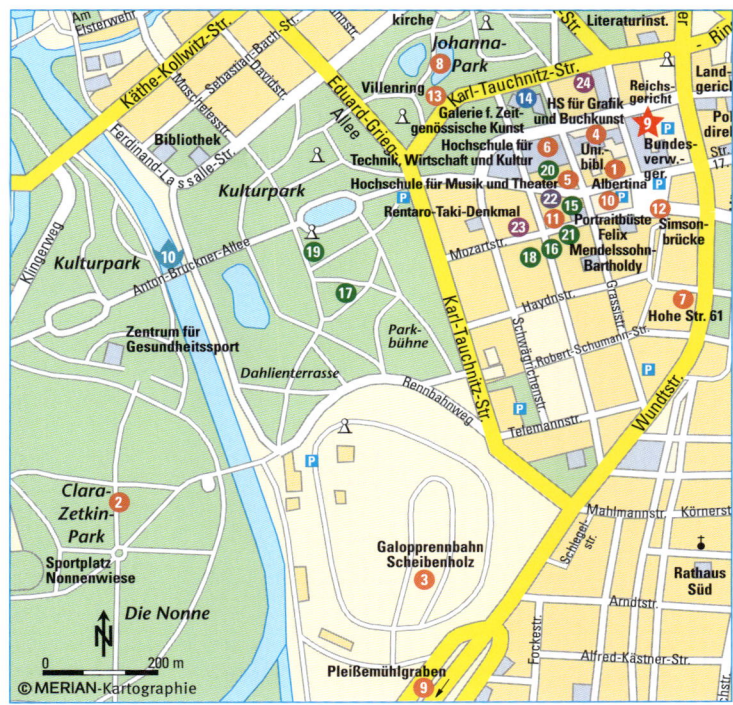

dessen 15-achsigen Bau, der 1887 übergeben wurde. Nicht jedes Detail konnte
nach der Kriegszerstörung wiederhergestellt werden. Im Innenhof wurde
2001 ein Konzertsaal mit 521 Plätzen
und ein Riegel mit Künstlergarderoben
zugebaut. Die Musikhochschule legte
man 1992 mit der 1953 gegründeten
Theaterhochschule »Hans Otto« zusammen. Absolventen der Einrichtungen sind bzw. waren als Schauspieler
(u. a. Ulrich Mühe, Uwe Steimle, Freya
Klier) und Musiker (u. a. Edvard Grieg,
Leoš Janaček, Kurt Masur) auf Bühnen,
in Konzertsälen oder im Fernsehen international präsent.

Grassistr. 8 | Bus: Wächterstraße |
www.hmt-leipzig.de

**6 Hochschule für Technik, Wirt-
schaft und Kultur (Wiener-Bau)**

C3

Als städtische Gewerbeschule wurde
der Bau 1890 von Hugo Licht ausge-
führt und 1903 erweitert. Gegenwärtig
ist er Heimstatt der Fakultät Elektro-
und Informationstechnik der HTWK.
Die Säle im Dachgeschoss mit den
großflächigen Oberlichtern werden als
Labore genutzt.

Wächterstr. 13 | Bus: Wächterstraße |
www.htwk-leipzig.de

7 Hohe Straße 51   D 3

In jenem Haus wohnte Journalist Erich Kästner als »möblierter Herr« ab 1926. An der Leipziger Universität hatte der in Dresden geborene Kästner ab 1919 studiert. Seinen Unterhalt verdiente er mit Theaterkritiken und witzig-ironischen Artikeln, die für Aufmerksamkeit sorgten. Als ihm sein Verleger kündigte, zog er 1927 nach Berlin.
Straßenbahn: Hohe Straße

8 Johanna-Park   C 2/3

Die nach englischem Vorbild gestaltete Anlage ist gern genutzte Kulisse für die Herz-Schmerz-Szenen in Leipziger TV-Soaps. Gestiftet hat den Park der Bankier Wilhelm Seyfferth, der bedeutende Landschaftsarchitekt und Gartenkünstler Peter Joseph Lenné hat ihn geplant. Die Legende berichtet, Seyfferth hätte seiner Tochter Johanna die Ehe mit dem Geliebten verwehrt und tat damit Buße. Stimmt nicht, ist aber schön zu erzählen. Im Park steht auch das **Wilhelm-Seyfferth-Denkmal** von Melchior von Strassen, das Wandgrab der Familie befindet sich an der nahen Luther-Kirche. In Seyfferths Wohnhaus (Wilhelm-Seyfferth-Str. 4) residiert heute das amerikanische Generalkonsulat.
Straßenbahn: Neues Rathaus

9 Pleißemühlgraben   D 2

Auch um den Geruchsbelastungen der Industrie zu entgehen, leitete man viele der Flüsschen und Gräben im Innenstadtbereich seit den 1940er-Jahren durch Rohre. Eine Initiative holt die »Pleiße ans Licht«. Somit durchzieht der Pleißemühlgraben wieder sichtbar das Viertel. 137 m Kinderspielplatz sind Beispiel fürs lebendiges Wasser in der Stadt.
Verlauf des Pleißemühlgrabens |
Straßenbahn: Neues Rathaus

10 Portraitbüste Felix Mendelssohn-Bartholdy   D 3

Im Jahr 1947 wurde die Bronzebüste des 100 Jahre zuvor in Leipzig verstorbenen Komponisten nach einem Modell des Bildhauers Walter Arnold gefertigt. 2007 platzierte man sie am Mendelssohnufer des Pleißemühlgrabens gegenüber Mendelssohns ehemaliger Wirkungsstätte, dem Konzerthaus des Gewandhausorchesters. Heute blickt er auf das Geisteswissenschaftliche Zentrum der Universität.
Mendelssohnufer/Simsonstraße |
Bus: Mozartstraße

9 Reichsgericht   D 3

Leipzig wurde gegen die Stimme Bismarcks Sitz der Obersten Gerichtsbarkeit Deutschlands. Das repräsentative Reichsgerichtsgebäude am Pleißemühlgraben entwarfen Heinrich Hoffmann und Peter Dybwad. Es wurde 1895 übergeben: 126 m lang, 28 m breit und 16,5 m hoch. Auf der Kuppel steht die Figur der Wahrheit, darunter sitzen vier Frauen auf Adlerschwingen, die sie mit Fackel in alle Himmelsrichtungen tragen. Die Fassade des Neorenaissancebaus zieren Szenen und Persönlichkeiten der Justizgeschichte. Berühmte Prozesse haben hier stattgefunden: gegen Karl Liebknecht, Karl von Ossietzky, gegen Kapp-Putschisten und Kriegsverbrecher. Spektakulärste Verhandlung war 1933 der Reichstagsbrandprozess. Der historische Gerichtssaal ist im Original erhalten. Seit

Bei den Leipzigern heißt der Prachtbau am Simsonplatz nach wie vor Reichsgericht (▶ MERI-AN TopTen, S. 100), auch wenn hier mittlerweile das Bundesverwaltungsgericht ansässig ist.

2002 residiert des Bundesverwaltungsgericht im Gebäude.
Simsonplatz 1 | Straßenbahn: Neues Rathaus | www.bverwg.de | Führungen Mi 16, Sa 14 Uhr

⓫ Rentaro-Taki-Denkmal 📖 C 3

Der erste japanische Musikstudent in Europa, Rentaro Taki, studierte ab 1901 in Leipzig. Krankheit zwang ihn zurück in die Heimat, wo er 23-jährig verstarb und heute als Komponist hochverehrt wird. Das Denkmal schuf Ulf Puder.
Mozartstr. 6 | Bus: Mozartstraße

⓬ Simsonbrücke 📖 D 3

An der Brücke fand man 1908 einen Frauenrumpf: ein Dienstmädchen, das beim illegalen Schwangerschaftsabbruch getötet wurde. Das Wasser des Pleißemühlgrabens wurde umgeleitet, um die fehlenden Körperteile zu finden. Statt dem Kopf der Getöteten fand die Polizei vier Köpfe im Nass, keiner jedoch passte zur Leiche. Ein Scherz der Studenten, die Anschauungsmaterial der Anatomie hier versenkten, nur um die Polizei zu verwirren.
Simsonstraße/Riemannstraße | Straßenbahn: Neues Rathaus

13 Villenring C 3

Entlang der Karl-Tauchnitz-Straße entstanden 71 Villen. Sie bilden den westlichen Halbring um das Musikviertel und wurden von namhaften Architekten wie Max Pommer, Peter Dybwad und Arwed Rossbach geplant. In ihnen residieren u. a. das Deutsche Literaturinstitut (Wächterstr. 34) oder die Sächsische Akademie der Wissenschaften (Karl-Tauchnitz-Str. 1).

Karl-Tauchnitz-Straße │ Straßenbahn: Neues Rathaus/Bus: Telemannstraße

MUSEEN UND GALERIEN

14 Galerie für Zeitgenössische Kunst ▶ S. 119

ESSEN UND TRINKEN

RESTAURANTS

15 Anton Hannes C 3

Einstiger Großbürgertreff – Die Betreiber fühlen sich dem umtriebigen ehemaligen Hauseigentümer Anton Hannes verpflichtet, der im Erdgeschoss zum Kaffee, zu Professorenkränzchen und zu Künstlergesprächen lud.

Beethovenstr. 17 │ Straßenbahn: Neues Rathaus │ Tel. 1 49 41 92 │ www.anton-hannes.de │ Mo–Fr 10.30–1, Sa/So 9.30–1 Uhr │ €€

16 Epicerie Petite Marieke C 3

Mit Spezialitätengeschäft – Sehr stil- und geschmackvolles Ambiente, in dem ein jeder französische Delikatessen kaufen oder auch gleich vor Ort speisen kann.

Mozartstr. 6 │ Bus: Mozartstraße │ Tel. 2 23 52 60 │ www.ep-marieke.de │ Mo/Di/Fr 8–19, Mi/Do 8–22, So 12–16 Uhr │ €€

17 Glashaus C 3

Der Klassiker im Park – Mit großem Biergarten und Familienidyll. Selbstbedienung oder Kellner, das Richtige für Erholung, Fitness und Gespräch.

Karl-Tauchnitz-Straße 26 │ Bus: Mozartstraße │ Tel. 1 49 00 08 │ www.glashaus imclarapark.de │ Mo–So 9–1 Uhr │ €

18 Kowalski C 3

Beliebter Treffpunkt – Großräumiges Café-Restaurant, das Intimität zulässt, aber auch große Gesprächsrunden. Heimische, mediterrane und asiatische Gerichte, mit eigener Patisserie.

Ferdinand-Rhode-Str. 12 │ Bus: Mozartstraße │ Tel. 2 12 60 20 │ www.das-kowalski.de │ Mo–Sa 9–0, So 9–22 Uhr │ €€

19 Musikpavillon C 3

Kleine Gerichte – Den klassischen Konzertpavillon fürs Bürgertum hat die Restauration übernommen.

Anton-Bruckner-Allee 11 │ Tel. 23 87 59 │ Bus: Wächterstraße │ www.musik pavillon-leipzig.de │ Mo–So ab 10 Uhr │ €

20 Salumeria da Daniele C 3

Genüsse all'italiana – Die Küche Italiens von Wildbret bis viel Gemüse. Restaurant und Delikatessengeschäft unter einem Dach.

Beethovenstr. 12 │ Bus: Mozartstraße │ Tel. 1 49 97 97 │ www.salumificio-leipzig.de │ Mo–Fr 11–15 und 17–23, Sa 18–23 Uhr │ €€

21 Violino C 3

Italienische Lebensart – Nicht auf den ersten Blick temperamentvoll, aber inmitten des Viertels.

Mozartstr. 4 | Bus: Mozartstraße |
Tel. 2 12 62 77 | www.violino-leipzig.de |
tgl. 11–14.30 und 18–0 Uhr | €€

EINKAUFEN
EINRICHTUNG
㉒ Abitare ⚑ C3
Fantasievolle Ideen für Raum- und
Wohngestaltung.
Beethovenstr. 21 | Straßenbahn: Neues
Rathaus | www.abitare-wohnambien
te.de | Mo–Fr 10–18, Sa 10–13 Uhr

KULTUR UND UNTERHALTUNG
LESUNGEN
㉓ Bührnheims Literatursalon ⚑ C3
Allmonatlich lädt Dieter Bührnheim
zum Salon mit Literaten und belebt so
alte Traditionen in der Stadt. Sein Antiquariat vermittelt Schätze: alle Bücher
handsigniert von den Autoren.

Mozartstr. 8 | Bus: Mozartstraße |
www.signiertebuecher.de | Mo–Fr
9–17 Uhr

㉔ Deutsches Literaturinstitut
Leipzig ⚑ C3
Nach sowjetischem Vorbild schuf der
Sozialismus eine Kaderschmiede für
Autoren. Fast alle in der DDR Veröf-
fentlichten haben hier studiert, andere
wurden geext und hatten keinen Zugang zu Verlagen. Heute Teil der Universität gibt das DLL jungen Literaten
Chancen, von denen 10 % sich einen
Namen machen: Juli Zeh und Clemens
Mayer sind Beispiele des letzten De-
zenniums. Bei Lesungen u. Ä. sind
auch Nicht-Studenten willkommen.
Wächterstr. 34 | Straßenbahn: Neues
Rathaus | www.deutsches-literatur
institut.de

Warme Sonnenstrahlen locken Groß und Klein ins Grün des Clara-Zetkin-Parks (▶ S. 98). Im
hübschen Musikpavillon wird an Sonn- und Feiertagen auch gern noch musiziert.

Im Fokus
Pianos und Paukenschlägel

Der Instrumentenbau spielt in der Bachstadt seit Langem eine große Rolle. Bis heute werden hier edle Pianos hergestellt. Auf eine spezielle Kunst versteht sich ein Leipziger Handwerksbetrieb, die Fertigung von erstklassigen, bei Musikern hochgeschätzten Paukenschlägeln.

50 m hoch und immer grün stehen die Bäume am Horizont von Afrika. Ihr Holz, in der Fachsprache Bubinga, ist steinhart, rötlich und zeigt oft violette Streifen. Hartmut Brückner nutzt Bubinga. Gerundet mit Loch ergibt das leuchtend braune Holz bei ihm zwei halbe Kugeln, zwischen die er Flanell auf Flanell presst. Diesen Holz-Flanell-Holz-Kopf steckt er auf einen Stiel aus heimischen Hölzern: Buche, Birke oder Ahorn. Hartmut Brückner stellt Paukenschlägel her. Nach Tischlerlehre und Physikstudium arbeitete er zunächst beim VEB Deutsche Piano-Union Leipzig. Ein Unternehmen mit Geschichte.

PIANOS FÜR DIE MUSIKSTADT

Der Gründer der späteren Piano-Union, Ludwig Hupfeld, erwarb 1892 ein Geschäft in Leipzig-Eutritzsch, in dem u. a. mechanische Instrumente hergestellt wurden. Die spätere Ludwig Hupfeld AG baute ihre Produktionsstätte in Böhlitz-Ehrenberg. In den 1930er-Jahren verlegte sich die

◄ Klaviermontage beim VEB Deutsche Piano-
Union Leipzig (► S. 104) im Jahr 1987.

prosperierende Fabrik auf den Bau von Möbeln, Handspiel-Klavieren,
Flügeln u. a. m. Nach dem Krieg wird Firmenchef Hupfeld 1946 enteignet.
Fortan beschäftigt man sich in den Hallen hauptsächlich mit dem Bau
von Möbeln. Da die bekannte Piano-Fabrik Rönisch in Dresden ihre Produktionsstätte verlor, vereinigte man sie mit dem Leipziger Werk und
gründete die Leipziger Pianofortefabrik. Bald konzentriert sich der Betrieb auf die Herstellung von Musikinstrumenten. Ab 1964 werden die
Klaviere an einer Fließstrecke gefertigt, an der 220 Instrumente gleichzeitig bearbeitet werden können. Mitte der 1980er-Jahre ist der ›VEB Deutsche Piano-Union Leipzig‹ mit 13 Fabriken der größte Pianoproduzent
Europas. In dem sozialistischen Großbetrieb bekommt Brückner seinen
ersten Job als Entwicklungsingenieur in der Forschungsabteilung.

EIN NEUER ANFANG

Nach Auflösung des VEB Piano-Union 1990 suchte Hartmut Brückner
seine eigene berufliche Nische. 1998 gründete er den Handwerksbetrieb
»Piano-Art, Klavier- und Cembalobau«. Er wartet, repariert und stimmt
Flügel, Clavichorde, Klaviaturen. Doch basiert der Firmenerfolg nicht allein auf der Reparatur von Tasteninstrumenten. Von einem erfahrenen
Meister erlernte er die höchst anspruchsvolle Paukenschlägelherstellung.
Um die Arbeitsschritte zu erleichtern und das Produkt zu verbessern, hat
der gelernte Ingenieur Brückner manches Gerät erfunden. Doch bei den
Schlägeln liegt die Tücke in ihrer Synchronität. Ein Schlägel besitzt eine
spezielle Härte im Kopf und eigene Schwingungen im Griff, ein zweiter
muss exakt die gleichen besitzen. Schlägel mit nur geringen Eigenschwin-
gungen bestehen aus Carbonfaserrohr, auch diese Variante stellt Brückner her. Diese Schlägel greifen sich anders an, doch haben sie den Vorteil,
dass bei jedem der entstehende Eigenton gleich klingt. Für Schlägelpaare
aus natürlichen Materialien muss der Fachmann lange messen, schlagen
und ändern. Das gute Resultat entschädigt – und die Nachfragen der
Künstler. Die kommen bei Brückner nicht nur aus Leipzig, sondern auch
von der Mailänder Scala, aus München oder London.
Klaviere, Flügel und Cembalos werden immer noch in Leipzig hergestellt:
Blüthner, Rönisch, Hupfeld sind die bekannten Namen. Und wenn an
den Instrumenten dann ein Detail nicht mehr funktioniert, repariert's
Hartmut Brückner (www.piano-art.de).

NICHT ZU VERGESSEN!

Entdeckungen sind auch außerhalb der Innenstadtgrenzen zu machen. So erfindet sich die Alte Messe gerade neu, das Waldstraßenviertel verströmt gründerzeitlichen Charme, und in Lindenau lädt ein Theater insbesondere Kinder und Jugendliche zum Besuch ein.

Bei knapp 300 qkm in Fläche können sich die Sehenswürdigkeiten dieser Stadt nicht auf das 48 ha große Stadtzentrum beschränken. Durch Eingemeindungen steht manch Kirche in anderen Ortskernen, manch Denkmal in ehemaligen Vororten. Nichtsdestotrotz sind auch diese etwas abseits gelegenen Adressen die Hinfahrt und das Beschauen wert. Nördlich und südlich grenzt die Stadt an riesige Seen, die der Energiehunger hinterließ und die heute zu sommerlichen Freizeitvergnügungen einladen. Die Völkerschlacht tobte bei Leipzig und nicht im Ort selbst. 120 Mahnmale gedenken. Wie auch an viele, die in städtischen Häusern weilten: Könige, Literaten, Erfinder und Investors. Und es gibt Natur im Stadtgebiet mit seltenen Pflanzenexemplaren und Tieren wie Eisvogel, Mittelspecht oder die Anemone Lipsiensis. Leipzig hat viel viel mehr zu bieten, als Prospekte und Schlagzeilen vermuten lassen.

◀ Hell und licht ist der neue Lesesaal in der Deutschen Bücherei (▶ S. 107).

SEHENSWERTES

Altes Messegelände ⚑ ⚓ F 4

Einst standen auf dem Ost-West-Handelsplatz 22 Messehallen. Manche denkmalgeschützt. Doch erschuf sich die Neue Messe ihr Gelände im Norden der Stadt an der A 14. Dem Alten Messegelände drohte der Untergang. Das Konzept seiner weiteren Nutzung ist vielfältig und vereint Supermarkt und Bundesbank, Blutbank und Möbelhaus. Konstant eröffnen die Hallen wieder.

Thonberg | Straßenbahn: Altes Messegelände

Deutsche Bücherei ⚓ E 4

Erst nach Grundsteinlegung und heftigem Protest platzierte man die Deutsche Bücherei am Deutschen Platz zwischen Völkerschlachtdenkmal und City. Im Halbbogen umschließt das Gebäude von Oskar Pusch nördlich das Platzoval. Mittlerweile ist der Komplex zum vierten Mal erweitert worden. Beeindruckend die fensterlosen Magazintürme. Jeder Verlag hat per Gesetz die Verpflichtung, zwei Exemplare jeder Auflage der Deutschen Nationalbibliothek (von der sie neben Frankfurt ein Standort ist) zu überlassen. So beläuft sich ihr Bestand gegenwärtig auf 28 Mio. Einheiten. Pro Tag kommen ca. 10 Regalmeter hinzu.

Thonberg | Deutscher Platz 1 | Straßenbahn: Deutsche Bücherei | Tel. 2 27 10 | www.dnb.de | Mo–Fr 8–22, Sa 9–18 Uhr, Führungen jeden 3. Sonntag im Monat 11 Uhr

»Diamanten moderner Industriearchitektur«

An der A 14 im Norden Leipzigs reihen sich die Neubauten: Gerkan und Partner erinnern mit dem Verwaltungsbau des **Porsche**-Werks an einen Diamanten. Das Architekturbüro GMP zitiert bei Leipzigs **Neuer Messe** Hauptbahnhof, Völkerschlachtdenkmal und alte Messehallen. Zaha Hadid lässt bei **BMW** die Autos durch Kantine und Verwaltung fahren. Besichtigungen sind auf Anfrage möglich.

– Porsche-Werk | Porschestr. 1 | www. porsche-leipzig.com ⚓ nordwestl. A 1
– Neue Messe | Messe-Allee 1 | www.leipziger-messe.de ⚓ nördl. E 1.
– BMW | BMW-Allee 1 | www.bmw-werk-leipzig.de ⚓ nördl. F 1

Gletschersteinpyramide ⚓ östl. F 5

Der Geologe Carl Friedrich Naumann fand die Erklärung für die Findlinge aus Skandinavien: Auch die Leipziger Tieflandsbucht wurde von der Eiszeit überformt. Eines der originellsten Denkmale der Stadt ist die über 6 m hohe Gletschersteinpyramide.

Stötteritz | Gustav-Schwabe-Platz | S-Bahn/Straßenbahn: Völkerschlacht denkmal

Haus des Buches ⚓ E 3

Auf dem Baugrund der kriegszerstörten Buchhändlerbörse errichteten Angela Wandelt und Gerd Heise 1996 ihren preisgekrönten Neubau. Die Kälte des Gemäuers schreckt ab, selbst große Namen machen das Literaturhaus zu keinem Ort der Kommunikation.

Zentrum-Südost | Gerichtsweg 28 | Straßenbahn: Gutenbergplatz | www. haus-des-buches-leipzig.de

Red-Bull-Arena B 1

Bereits in den 1920er-Jahren existierten Pläne, auf den Frankfurter Wiesen Sportstätten zu errichten. Die DDR karrte den Trümmerschutt hierher und baute Schwimm-, Wassersprung- und Zentralstadion. Der große Kessel fasste 100 000 Menschen – das größte Stadion Deutschlands. Die Massenaufläufe der sozialistischen Turn- und Sportfeste fanden vor Ort statt. 2000 wurde das alte Stadion als unrekonstruierbar eingestuft und eine reine Fußballarena mit fast 45 000 Plätzen geplant (ohne auf absehbare Zeit eine Bundesliga-Mannschaft zu besitzen). Leipzig war als einzige Stadt Ostdeutschlands Spielort der Fußball-WM 2006. Aus historischen Gründen: Vor Ort wurde 1900 der DFB gegründet, der erste Deutsche Fußballmeister hieß 1903 VfB Leipzig. Die 17 m hohe Stahlkonstruktion der Arena überragt weithin sichtbar das Grün des Auenwaldes.

Waldstraßenviertel | Am Sportforum 3 | Straßenbahn: Am Sportforum

Tierpark ohne Exoten 11

Der Wildpark im südlichen Auwald zeigt die heimischen Tierarten. Rehe und Wisente darf man sogar füttern. Die Alternative zum Zoo (▶ S. 14).

Schauspielviertel D 2

Das 1901 als Operettentheater erbaute Schauspielhaus (▶ S. 41) gab dem Viertel seinen Namen. Die Gottschedstraße gilt als Kneipenmeile, u. a. **Luise** (Bosestr. 4), **Barcelona** (Gottschedstr. 12), **Canito** (Gottschedstr. 13), **Vodkaria** (Gottschedstr. 15) oder **Skala** (Gottschedstr. 16), auf der Nächte zuzubringen sind. Auf dem Grundriss der in der Kristallnacht 1938 zerstörten Synagoge schufen Anna Dilengite und Sebastian Helm ein **Mahnmal** (Gottschedstr. 7) mit 140 (benutzbaren) bronzenen Stühlen.

Straßenbahn: Thomaskirche

Schönefelder Kirche nördl. F 1

Nach ihrer Totalzerstörung 1813 wurde die Dorfkirche zu Schönefeld als klassizistische Hallenkirche 1820 wieder eröffnet. Kultstatus erhält sie, da am 12. September 1840 in ihr Robert Schumann seine Clara Wieck gegen den Willen ihres Vaters ehelichte: »Was soll ich über diesen Tag sagen! Er wird mir der unvergeßlichste meines Lebens sein!«

Schönefeld | Ossietzkystr. 60 | Straßenbahn: Rathaus Schönefeld

St.-Alexi-Gedächtniskirche E/F 4

Die russische Gedächtniskirche ist ein freier Nachbau der Auferstehungskirche in Moskau-Kolomenskoje und entstand 1913 zum Gedenken an die 22 000 russischen Gefallenen der Völkerschlacht. Ihre 55 m hohe goldene Kuppel ist weithin sichtbar. Die Ikonenwand aus Zedernholz zeigt 71 Gemälde Luka Jemilianows.

Thonberg | Philipp-Rosenthal-Str. 51 a | Straßenbahn: Deutsche Bücherei | www.russische-kirche-l.de | sommers 10–17, winters 10–16 Uhr

Stadthafen   C 2

Leipzig ist Wasserstadt mit zentrumsnaher Anlegestelle. Die Stadt durchziehen eine Vielzahl Flüsse und Kanäle.

Am Pleißemühlgraben residiert das Bundesverwaltungsgericht. Dem Zoo ist die Parthe Fließgewässer. Kanuten und Ruderer trainieren auf dem Elsterflutbecken. Der Freizeitsportler kann 200 m ab Neuem Rathaus im neuen Stadthafen sein Boot besteigen und auf romantischer Strecke den Auenwald durchpaddeln. Ziel: das Leipziger Neuseenland. Im Frühsommer wird ein Teil der Strecke jedoch für den öffentlichen Verkehr gesperrt: Der Eisvogel brütet. Geschützte Natur in der Stadtmitte – selten.
Zentrum-West | Schreberstraße | Straßenbahn: Westplatz

Theater der Jungen Welt ⚑ A 2

Das Theaterhaus am Lindenauer Markt entstand 1910 im Jugendstil nach Plänen des Leipziger Architekten Alfred Müller. Heute beherbergt es das erste deutschsprachige Kinder- und Jugend-Theater Deutschlands sowie das **Lofft**, einen Zusammenschluss Leipziger Off-Theaterbühnen. Die Inszenierungen sind zum Teil sehr diskussionswürdig.
Lindenau | Lindenauer Markt 21 | Straßenbahn: Lindenauer Markt | www.theaterderjungenwelt.de | www.lofft.de

UT Connewitz ⚑ D 6

Das Lichtspieltheater ist eines der ältesten erhaltenen Deutschlands. Weihnachten 1912 lief dort der erste Film, »Die schwarze Katze«. Später verfiel das Gemäuer, heute erhält es ein Verein und bietet ausgesuchtes Kino und Kultur – morbider Charme inklusive.
Connewitz | Wolfgang-Heinze-Str. 12 a | Straßenbahn: Connewitz, Kreuz | www.utconnewitz.de

Waldstraßenviertel ⚑ C 2

Die nordwestliche Vorstadt zwischen City, Rosental und Frankfurter Wiesen heißt ob der durch sie führenden Hauptstraße: Waldstraßenviertel. Es ist das größte Areal erhaltener Gründerzeitbebauung Deutschlands. In der DDR verfallen, erstrahlt das Viertel heute in neuem Glanz. Besonders die eigenwillige Jugendstil-Architektur eines Paul Möbius sticht hervor (z. B. Waldstr. 4, Tschaikowskistr. 31). In der ehemaligen Höheren israelitischen Schule (Gustav-Adolf-Str. 7) befindet sich heute die Zentralbücherei für Blinde. Das Ariowitsch-Haus (Hinrichsenstr. 14) ist ein Zentrum jüdischer Kultur. Namhafte Bewohner des Viertels waren Albert Lortzing, Gustav Mahler, August Bebel, Max Beckmann.
Straßenbahn: u. a. Waldplatz

Lyrik beim Spazieren

Am Ufer des Elsterflutbeckens nah der Jahnallee (Waldstraßenviertel) erstellt ein Kunstkubus für zwei Euro ein individuelles Gedicht, in das man sich auf einer der Bänke hier ungestört vertiefen kann (▶ S. 15).

Wintergartenhochhaus ⚑ E 2

Das Gebäude ist eines der Wahrzeichen Leipzigs. Mit 106,8 m Höhe gehörte das 1970–1972 in moderner Gleitbauweise errichtete Wohnhaus zu den höchsten der DDR und bot allen Komfort. Auf dem Dach leuchtet weithin sichtbar das Logo der Leipziger Messe.
Zentrum-Ost | Wintergartenstr. 2 | Straßenbahn: Hauptbahnhof

MUSEEN UND GALERIEN

Die Leipziger Museumslandschaft zeichnet sich durch große Vielfalt aus. Hochkarätige Gemälde- und Designsammlungen, Gedenk- museen berühmter Künstler, aber auch ungewöhnliche bis kuriose Einrichtungen wie ein Clown-Museum laden zum Erkunden ein.

Leipzig zeigt sich und seine Kunst gern und vieler Orten. Das hat Tradition, und so befinden sich die meisten der Museen im Zentrum (am besten erreichbar mit der S-Bahn, Haltestelle Markt). Die Stadt birgt Deutschlands umfangreichste Bürgersammlung an Gemälden. Sie verbindet auf einer »Notenspur« die Häuser, in denen weltberühmte Komponisten wohnten und arbeiteten. Und technische Errungenschaften gründen auf hier stattgefundener Produktion. Entdecken Sie selbst!

Leipzig ist eine Stadt voll Museen und Geschichte. Auch die Stadt selbst: Ist sie doch der Ort Deutschlands mit den meisten erhaltenen Gründerzeitgebäuden. Das Waldstraßenviertel ist das größte Wohngebiet solch erhaltener (und restaurierter) Bebauung – fast jedes Haus ein architektonisches Juwel. Und nicht nur in der Innenstadt stößt man kurzer Wege immer wieder auf Ausstellungen, Galerien und Museen. Leipzig ist eine

◄ Auge in Auge mit Skulpturen im Museum
der bildenden Künste (► S. 114).

Bürgerstadt. In ihr residierte kein Mäzen wie König, Graf oder Fürst, der Sammlungen anlegte, um sich und seine Herrschaft zu repräsentieren. Ein gewaltiger und prinzipieller Unterschied zur Residenzstadt Dresden. Leipzigs Bewohner ergriffen selbst die Initiative. Viele der heute berühmten Institutionen wie das Museum der bildenden Künste oder das der Musikinstrumente, die Sammlungen für Völkerkunde oder zur Lebensgeschichte Johann Sebastian Bachs gründen auf persönlichem Engagement Einzelner. Auch für die Museumsgebäude und -räume gaben Leipziger ihr Geld. Auch heute gelingen Anschaffungen nur mit finanzieller Unterstützung vieler Bürger, die Präsentation der Kunst nur mit persönlicher Initiative: Ehrenamt und Bürgerehre. So erweitert sich Leipzigs Museumslandschaft (Museumsportal: www.leipziger-museen.de) stetig. Clown- und Fotomuseum, Eisenbahn- und Straßenbahnmuseum existierten nimmer ohne die engagierte Arbeit der Vereine, auch die etablierten Ausstellungen verlassen sich auf die Arbeit ihrer organisierten Freunde – und können sich darauf verlassen. Einige der legendären Gründernamen tauchen in diversen Kuratoriums- und Vereinslisten mit den Nachfahren wieder auf. Leipzig ist stolz auf diese Tradition: Seine Bürger fühlen sich verpflichtet. Besucher können sich von diesem Kulturgut faszinieren lassen.

MUSEEN

Ägyptisches Museum ⚑ D 2

Das erste Ausstellungsstück kaufte die Universität Leipzig 1843. Das spätere Museum baute der Ägyptologe Georg Steindorff zunächst als Lehrsammlung für Studenten auf. »Ein sorgsam mit Blattgold beschichtetes und mit hölzernen Ornamenten verziertes Kupferdiadem, das zum Kopfschmuck einer Dame aus der Zeit um 2400 v. Chr. gehörte« ist zu sehen wie Särge, Grabbeigaben und Hieroglyphen. Das Museum logiert heute im Krochhochhaus.
Zentrum | Goethestr. 2 | Straßenbahn: Wilhelm-Leuschner-Platz |

www.aegyptisches-museum.uni-leipzig.de | Di–Fr 13–17, Sa/So und Feiertage 10–17 Uhr, Führungen jeden 2. Sa und 4. So im Monat 14 Uhr | Eintritt 5 €

Antikenmuseum ⚑ D 2

Griechen, Römer, Etrusker, Troja und Pompeji – Namen, die Vergangenheit lebendig werden lassen. Als Lehr- und Schausammlung gegründet zeigt sich das Museum seit 1994 in der Alten Nikolaischule. Seine Gipsabgusssammlung umfasst über 600 Abgüsse griechischer und römischer Skulpturen aus allen bedeutenden Antikenmuseen der Welt.

Zentrum | Nikolaikirchhof 2 | www.
uni-leipzig.de/antik/ | Straßenbahn: Au-
gustusplatz | Di–Do, Sa/So 12–17 Uhr |
kostenlose Führung jeden 1. So im Monat
14 Uhr | Eintritt 3€

Bachmuseum   🚋 D 2

Im Jahre 1902 riss man das Gebäude
der Schule neben der Thomaskirche ab
und beraubte sich damit der Wohnung
Johann Sebastian Bachs. Im Haus seines Freundes Georg Heinrich Bose eröffnete man mit Einzug des Bach-Ar-
chivs 1950 eine kleine Schau zu Ehren
Bachs. Seit 2010 zeigt die wesentlich
erweiterte Ausstellung in zwölf Räumen viele persönliche Sachen des
Komponisten, Notizen und Grabbeigaben. Es lädt die Besucher zum Mit-
machen ein: Instrumentieren Sie selbst
einen Choral, datieren Sie die Handschrift des Musikgenies in ihrem Sinn,
spielen Sie Barock.
Zentrum | Bose-Haus | Thomaskirch-
hof 15/16 | Straßenbahn: Thomaskir-
che | www.bach-leipzig.de |
Di–So 10–18 Uhr | Eintritt 8 €

Clown-Museum   🚋 F 3

Hans Dieter Hormann ist vom Clown-
Sein fasziniert und sammelt seit Jahren
alles zum Thema. Sein Museum ist seit
2011 der Treffpunkt der »Circusfreunde
Deutschlands«. Plakate, Figuren, Pup-
pen, Fotos geben einen anschaulichen
Blick hinter und vor die Masken. Berühmte wie Oleg Popow ließen sich
begeistern. »Ein feines Clownmuseum,
ein kleines Traummuseum.«
Reudnitz | Reiskestr. 14 | Straßenbahn:
Riebeck-/Stötteritzer Straße | www.
clown-museum.de | Di–Fr 11–17, So 13–
17 Uhr | Eintritt frei

Deutsches Buch- und Schriftmuseum   🚋 E 4

Mit dem vierten Erweiterungsbau erhielt jetzt das Museum wesentlich
mehr Platz. Die ausgezeichnete Dauerausstellung verfolgt die Geschichte der
Schriftsprache. Regelmäßige Sonderschauen ergänzen das Angebot.
Thonberg | Deutsche Bücherei |
Deutscher Platz 1 | Straßenbahn:
Deutsche Bücherei | www.dnb.de |
Di–So 10–18, Do bis 20 Uhr | Eintritt frei

Deutsches Fotomuseum   🚋 südl. C 6

Das Kamera- und Fotomuseum Leipzig präsentiert sich seit August 2013 in
einem Neubau auf dem Agra-Gelände
in Markkleeberg (mit dem ÖPNV
Leipzigs problemlos zu erreichen). Auf
1500 qm Ausstellungsfläche erleben Sie
die spannende Geschichte der Fotografie von den Anfängen bis zur Gegenwart. Eine Dauerausstellung widmet
sich der Akt-Fotografenlegende Gün-
ter Rössler. Daneben gibt es Sonderschauen.
Markkleeberg | Raschwitzer Str. 11–13 |
Straßenbahn: Markkleeberg/Parkstraße |
www.fotomuseum.eu | Di–So 13–
18 Uhr | Eintritt 5 €

Deutsches Kleingärtnermuseum   🚋 C 2

Dr. Moritz Schreber gilt als Begründer
der Kleingartenbewegung. Stimmt fast.
Darüber und über »Deutschlands
Kleingärtner vom 19. bis ins 21. Jahrhundert« erzählt das Museum, weniger
piefig denn unerwartet anschaulich.
Und es befindet sich im Vereinshaus
des ersten Schrebergartenvereins
Deutschlands, gegründet 1896. Ganz in
der Nähe: das Schreberbad.

Zentrum-West | Aachener Str. 7 |
Straßenbahn: Waldplatz | www.klein
garten-museum.de | Di–Do (Juni/
Aug. auch Sa/So) 10–16 Uhr | Eintritt 2 €

Grassimuseum E 2

Der Importhändler und Bankier Franz
Dominic Grassi war in Leipzig einer
der größten Förderer der Kunst. Sein
Erbe ermöglichte u. a. den Bau des Gewandhauses und des alten Grassimuseums am Königsplatz (heute Stadtbibliothek am Leuschner-Platz). Als diese
Räume für die Präsentationen zu klein
wurden, entstand bis 1929 nach den
Entwürfen der Architekten Zweck &
Vogt der um mehrere Höfe gegliederte
Museumskomplex am Johannisplatz.
Das neue Grassimuseum ist eines der
wenigen öffentlichen Gebäude im Stil
der Neuen Sachlichkeit mit Anklängen
des Art déco, von dem vor allem die
Pfeilerhalle zeugt. Im Museum finden
drei große Sammlungen Platz. Café inklusive.

Museum für Angewandte Kunst

1874 eröffnete der Verein der »Gesellschaft der Freunde des Kunstgewerbemuseums zu Leipzig« im Alten Amts-
hof seine Exposition. Seit 1904 befindet
sie sich in kommunaler Trägerschaft.
Sammlungsgegenstand sind exempla-
rische Objekte des internationalen
Kunsthandwerks. Derzeit präsentiert
sich das Museum mit drei Dauercaus-
stellungen, die ganze Interieurs zeigen:
»Antike bis Historismus«, »Asiatische
Kunst. Impulse für Europa« und »Jugendstil bis Gegenwart«. Alljährlich im
Oktober findet vor Ort die Grassimesse
statt, eine Verkaufsmesse für Design
und angewandte Kunst.

Museum für Musikinstrumente

Der in Leipzig lebende Holländer Paul
de Wit eröffnete 1886 im Bose-Haus
am Thomaskirchhof (heute Bachmuseum) eine Schau historischer Musikinstrumente. Die Sammlung wurde mehrmals veräußert, 1926 kaufte sie die
Universität, Schenkungen kamen hinzu Die Stadt stellte einen Flügel des alten Grassimuseums als Ausstellungsfläche zur Verfügung. Heute zeigt das
Museum sehr anschaulich die Entwicklung des europäischen Instrumen-
tariums von der Renaissance bis zur
Gegenwart. Höhepunkt ist ein Klangla-
bor, wo sich Besucher selbst im Musi-
zieren erproben können.

City-Kühlung

Nach schweißtreibender Stadttour
erfrischt das kühle Nass des Schre-
berbads: Schwimmen, Rutschen,
Wasserball in der City (▶ S. 15).

Museum für Völkerkunde

Auch dieses Museum entstand 1869
aufgrund bürgerlicher Privatinitiative.
Den Grundstein für die Präsentation
legte der Ankauf der Sammlung des
Dresdner Hofrats und Ethnologen Dr.
Gustav Klemm. Heute beherbergt das
Museum für Völkerkunde mehr als
200 000 Objekte. Vor allem von For-
schungsreisen überließen Wissen-
schaftler der Sammlung Exponate, sodass sie anschaulich Bild gibt vom
Leben der Völker auf allen bewohnten
Kontinenten der Erde. 2009 komplett
saniert zeigt das Museum heute u. a.
die sehr abwechslungsreiche Dauerausstellung »Rundgänge in einer Welt«.

🕒 Jeden 1. Mi im Monat lohnt auch ein Kurzbesuch in den Grassimuseen, denn dann ist der Eintritt kostenlos.
Zentrum-Ost | Johannisplatz 5–11 | Straßenbahn: Johannisplatz | www. grassimuseum.de | Di–So 10–18 Uhr | Eintritt Angewandte Kunst 5 €, Musik-instrumente 3 €, Völkerkunde 6 €, Kombi-ticket (alle drei Museen) 12 €

Mendelssohn-Haus 🚩 E 2

Unweit des Gewandhauses befindet sich das Wohn- und Sterbehaus Felix Mendelssohn-Bartholdys. 1835 trat Mendelssohn in Leipzig die Stelle als Gewandhauskapellmeister an, wirkte aber auch als Komponist, Virtuose, Kulturpolitiker und Pädagoge. So war er Rektor des ersten in Deutschland gegründeten Musikkonservatoriums (▶ S. 98). Hier in seiner Wohnung erlag er am 4. November 1847 um 21.24 Uhr den Folgen eines Schlaganfalls. Seit 1997 sind die Räume des Mendelssohn-schen Hauses Museum und illustrieren die Zeit Mitte des 19. Jh. in Leipzig. Originales Mobiliar, Briefe, Noten und Aquarelle veranschaulichen das Leben der Familie. Im Januar 2014 überarbei-tet und neu eröffnet. Jeden Sonntag 11 Uhr: Konzert.
Zentrum-Ost | Goldschmidtstr. 12 | Straßenbahn: Augustusplatz | www. mendelssohn-stiftung.de | tgl. 10–18 Uhr | Eintritt 7,50 €

Museum der bildenden Künste 🚩 D 2

1837 ergriffen Kaufleute, Bankiers und Verleger die Initiative. 1848 eröffnete der Leipziger Kunstverein das Museum der bildenden Künste, in dem private Kunstschätze öffentlich gezeigt wur-den. Bürgerengagement erweiterte die Sammlung ständig, Leipzig besaß als Mäzenaten keinen König oder Fürsten. Auf dem Augustusplatz präsentierte sich das Bildermuseum 1858 in neuem Haus. Der Bau im Neorenaissance-Stil überdauerte den Zweiten Weltkrieg nicht (an seiner Stelle steht heute das Neue Gewandhaus). In der DDR folg-ten Interimslösungen, 2004 eröffnete der Neubau auf dem Sachsenplatz. Ar-chitektonisch bleibt »der Klotz« der Architekten Hufnagel, Pütz und Raffa-elian umstritten. Die Sammlungen um-fassen rund 3500 Gemälde, 1000 Skulp-turen und 60 000 grafische Blätter. Schwerpunkte bilden vor allem alt-deutsche, italienische und niederländi-sche Werke bis zum 18. Jh. Bedeutende Künstler wie Lucas Cranach, Caspar David Friedrich und Frans Hals wer-den gezeigt. In eigenen Sälen wird das Werk Max Klingers präsentiert u. a. seine epochale Beethoven-Skulptur aus farbigen Gesteinen, Bronze und Edel-steineinlagen. Auch die Leipziger Schulen finden Ausstellungsfläche und präsentieren ihre Protagonisten Heisig, Mattheuer, Tübke und Neo Rauch so-wie andere mehr.

🕒 Jeden 2. Mi im Monat können Sie bei freiem Eintritt die berühmten Werke des Museums genießen.
Zentrum | Katharinenstr. 10 | Straßen-bahn: Goerdelerring | www.mdbk. de | Di/Do–So 10–18, Mi 12–20 Uhr | Eintritt 5 € (Sammlung), Wechselausstel-lung 6 €/8 €

Museum für Druckkunst 🚩 B 3

In einem auch als Druckerei genutzten Industriegebäude gibt die Ausstellung anschaulich Einblick in Geschichte und Entwicklung der Polygrafie. Der

Die elegante Pfeilerhalle im Stil des Art déco, das Herzstück des Grassimuseums (▶ S. 113), erstrahlt nach ihrer Restaurierung in neuem »alten« Glanz.

Besucher kann aktiv eine Buchseite oder Illustration gestalten und drucken bis hin zu Noten oder Fingerabdruck.
Plagwitz | Nonnenstr. 38 | Straßenbahn: Holbeinstraße | www.druck kunst-museum.de | Mo–Fr 10–17, So 11–17 Uhr | Eintritt 6 €

Museum in der »Runden Ecke« ◢◣ D2

Am 9. Oktober 1989 hatten sich die Mitarbeiter im Gebäude der Leipziger Stasi-Zentrale verbarrikadiert. In Erich Loests Roman fallen hier die legendären Worte: »Mit allem hätten wir gerechnet, nur nicht mit Kerzen und Ge-

beten.« Demonstranten stürmten am 4. Dezember 1989 die Büros, sicherten Akten und Beweise. »Runde Ecke – Schreckenshaus, wann wird ein Museum draus?« Bereits im August 1990 öffnete die ständige Ausstellung »Stasi – Macht und Banalität«. Gezeigt werden in Originalräumen Haftzellen, Brieföffnungsmaschinen, Kleidung und Papiere des Ministeriums für Staatssicherheit der DDR. Im Gebäude befindet sich die Behörde des Bundesbeauftragten für die Stasi-Unterlagen im Bezirk Leipzig. Noch immer werden Anträge auf Akteneinsicht gestellt.

Zentrum | Dittrichring 24 | Straßen-
bahn: Thomaskirche | www.runde-
ecke-leipzig.de | tgl. 10–18 Uhr |
Eintritt frei

Naturkundemuseum 👫 D 1

In einem klassizistischen Bau der
Gründerzeit residiert (noch) das Naturkundemuseum und gibt lebendigen
Einblick in Fauna, Flora und Geologie
der Leipziger Umgegend. Attraktion:
ein lebendiger Bienenstock im Flur. In
naturnahen Dioramen sieht man u. a.
hier erst vor ca. 30 Jahren ausgestorbe-
ne Exemplare von Großtrappe und
Triel. Auch die Besiedlungsgeschichte
wird deutlich, reicht bis zu den Germa-
nen und präsentiert Funde wie den
Münzschatz vom Naundörfchen. Derzeit läuft die Diskussion eines Umzugs,
entschieden ist noch nichts.

Zentrum-Nordwest | Lortzingstr. 3 |
Straßenbahn: Goerdelerring | www.
naturkundemuseum.leipzig.de |
sommers 9–18, winters 9–16.30, Fr 9–13
Uhr (derzeit Dauerausstellung nur Sa/So
und an Feiertagen geöffnet) | Eintritt 1 €

Panometer 👫 E 5

Seit 2003 nutzt Yadegar Asisi den alten
Leipziger Gasometer als Ausstellungsfläche für Panoramengemälde. Im Umfang 105 m, in der Höhe 35 m ist es das
mächtigste Rundgemälde der Welt.
Mittlerweile gehört das Panometer zu
Leipzigs Attraktionen. Die verschiedenen Bilder Asisis werden aufwendig
auf Leinwände gezogen und sind stets
von einer Ausstellung begleitet, die in
die Geschichte des Bildes und die des
Hauses einführt. Zu sehen ist derzeit
die Völkerschlacht zu Leipzig vom

Das Panometer (▶ S. 116) ist Ausstellungsort für die spektakulären Panoramengemälde von
Yadegar Asisi, die unterschiedliche Themen wie Regenwald oder Völkerschlacht illustrieren.

Dach der Thomaskirche aus gesehen. Das Beleuchtungskonzept vollzieht den 24-Stunden-Rhythmus in 15 Minuten, Lautsprecher untermalen das Schlachtengemälde. Beeindruckend.

Südvorstadt | Richard-Lehmann-Str. 114 | Straßenbahn: Arthur-Hoffmann-/ Richard-Lehmann-Straße | www.asisi. de | Mo–Fr 10–17, Sa/So 10–18 Uhr | Eintritt 10 €

Sächsisches Apothekenmuseum
D 2

Im Gebäude der ehemaligen Central-Apotheke vis-à-vis der Thomaskirche wurde 1999 das Museum eröffnet. Eng verbunden ist die Leipziger Apothekengeschichte mit Namen wie Johann Heinrich Lincke, Samuel Hahnemann und Willmar Schwabe. Historische Tablettenpressen sowie erste Reiseapotheken zählen zu den Ausstellungsstücken, aber auch Pillenvergolder oder homöopathische Rezepturen. Im Erdgeschoss ist die Apotheke Restaurant.

Zentrum | Thomaskirchhof 12 | Straßenbahn: Thomaskirche | www. apothekenmuseum.de | Di/Mi/Fr–So und Feiertage 11–17, Do 14–20 Uhr | Eintritt 3 €

Schillerhaus
nördl. C 1

Mit seinem Verleger Georg Joachim Göschen verbrachte der 25-jährige Friedrich Schiller den Sommer 1785 bei Bauer Schneider im Dörfchen Gohlis. Im Vormärz der Revolution von 1848 entdeckte Robert Blum die revolutionäre Kraft der Schillerschen Stücke neu und erwarb mit dem Leipziger Schillerverein das Gut. 1841 öffnete das Schillerhaus als erstes Literaturmuseum Deutschlands. Zeitzeugnisse wie

eine vom Dichter getragene Weste geben Einblick in Zeit und Werk.

Gohlis | Menckestr. 42 | Straßenbahn: Menckestraße | www.stadtgeschicht liches-museum-leipzig.de/site_deutsch/ schillerhaus | April–Okt. Di–So 10–17, Nov.–März Mi–So 10–16 Uhr | Eintritt 3 €

Schumann-Haus
E 2

Die Liebenden Clara Wieck und Robert Schumann klagten ihre Ehe 1839 gerichtlich ein und heirateten gegen den Willen ihres Vaters. Die erste gemeinsame Wohnung bezog das Paar am 13. September 1840 in der Inselstr. 5 (heute Nr. 18), hier lebten sie vier Jahre. In den Originalräumen der Schumanns ist eine Ausstellung zu sehen, die persönliche Gegenstände der Familie, wie z. B. Klaviere aus der Werkstatt Friedrich Wiecks präsentiert. Namhafte Zeitgenossen wie Berlioz, Liszt oder Wagner waren Gast. Heute sind diese Zimmer auch Konzertraum, Begegnungsstätte und Lesungsort.

Zentrum-Ost | Inselstr. 18 | Straßenbahn: Gerichtsweg | www.schumann-verein.de | Di–Fr 14–18, Sa/So 10–18 Uhr | Eintritt 3 €

Stadtgeschichtliches Museum im Alten Rathaus
D 2

Interessantes zur Entwicklung von Stadt, Messe und Bevölkerung. Der imposante Ratssaal ist auch gern genutzte Filmkulisse. Zu sehen ist u. a. das Richtschwert von Woyzeck.

Zentrum | Markt 1 | Straßenbahn: Augustusplatz | www.stadtgeschicht liches-museum-leipzig.de | Di–So 10–18 Uhr | Eintritt 6 €, Sonderschauen (Böttchergässchen 3, in 100 m Entfernung) Eintritt 4€

10 Völkerschlachtdenkmal F5

Es ist das größte Gebäudedenkmal der Welt: 91 m hoch, 300 000 t schwer. Bereits Ernst-Moritz Arndt forderte nach der Schlacht bei Leipzig mit ihren 500 000 Teilnehmern und dem Sieg der alliierten Armeen ein »germanisches Denkmal«. Zunächst blieb das Privatinitiativen überlassen, an über 100 Orten erinnert Leipzig an die große Völkerschlacht. 1895 schrieb der Deutsche Patriotenbund einen Ideenwettbewerb aus, letztlich verwirklichte man den Entwurf des Berliner Architekten Bruno Schmitz, der auch das Kyffhäuser-Denkmal plante. Seine Anlage auf 4 ha Fläche des Südlichen Schlachtfeldes ist den Pyramiden des alten Ägyptens nachempfunden. Aus drei Teilen besteht das eigentliche Denkmal: Die Krypta ist den Toten gewidmet. Die Ruhmeshalle gedenkt den siegreich Heimgekehrten. Die 16 Friedenswächter unter der Aussichtsplattform ermahnen die Nachgeborenen, Frieden zu halten. Zwischen Denkmal und Pylonen (die die Sphinxe nachempfinden) liegt der See der Tränen, die die Mütter um ihre gefallenen Söhne weinten. Ideologisch wurde das Denkmal oft missbraucht. Leipzig hat in jüngster Zeit sämtliche Initiativen seiner Vereinnahmung verhindert. Zum Doppeljubiläum 2013 wurde die Landmarke Leipzigs aufwendig saniert. Der Aufstieg misst 500 Stufen. Ein Fahrstuhl fährt zur oberen Rotunde. Die Aussichtsplattform erweist sich nicht nur für die Stadt als perfekter Überblick, bei klarem Wetter sieht man die Landmarken der Umgebung: Petersberg bei Halle, Collm bei Oschatz sowie das

Die Besucher des Schumann-Hauses (▶ S. 117) können bei einem Rundgang neben originalen Musikinstrumenten der Zeit auch Hörbeispiele seiner Kompositionen erleben.

Braunkohletagebaugebiet mit dem Kraftwerk Lippendorf. Bei überragender Sicht sind sogar Erzgebirge und Harz erahnbar.

Die Ausstellung **Forum 1813** wurde ins Völkerschlachtdenkmal integriert und gibt anhand von 350 Objekten der Zeit wie Befehlsaushang, Gewehr, OP-Werkzeug oder Soldatenmantel ein beeindruckendes Bild der Völkerschlacht. Diese war 1813 die erste große Schlacht der Neuzeit. Leipzig besaß als Stadt 30 000 Einwohner. Über 100 000 Soldaten blieben auf dem Schlachtfeld. Mehr als 70 000 Verletzte mussten versorgt werden. Die Ärzte amputierten im Akkord. Sehr lange wirkte das Blutbad als Trauma unter der Bevölkerung. Den Kampf ums Dorf Probstheida (heute Stadtteil zu Füßen des Denkmals) zeigt ein Diorama mit 3600 Zinnfiguren.

Probstheida | Straße des 18. Oktober 100 | www.voelkerschlachtdenkmal.de | S-Bahn/Straßenbahn: Völkerschlacht-denkmal | April–Okt. tgl. 10–18, Nov.–März tgl. 10–16, Führung Do 14 Uhr | Eintritt 6 € (Denkmal und Forum 1813)

Zeitgeschichtliches Forum D 2

Das Forum, der Leipziger Standort der Stiftung Haus der Geschichte der Bundesrepublik Deutschland, widmet seine Dauerausstellung »der Geschichte von Diktatur, Widerstand und Zivilcourage in der Sowjetischen Besatzungszone und in der DDR, sie zeigt die friedliche Revolution und den Vereinigungsprozess«. Wechselnde Sonderausstellungen ergänzen die Schau.

Zentrum | Grimmaische Str. 6 | Straßenbahn: Augustusplatz | www.hdg.de/leipzig | Di–Fr 9–18, Sa/So 10–18 Uhr | Eintritt frei

Geschichte, Ruhe und Natur

Auf dem 1886 eröffneten Südfriedhof beim Völkerschlachtdenkmal ruhen zahlreiche Leipziger Persönlichkeiten wie die Mundartdichterin Lene Voigt und der Verleger Fritz Baedeker (▶ S. 15).

GALERIEN
Galerie für Zeitgenössische Kunst C 3

In der Herfurthschen Villa und einem neu geschaffenen Kubus von Peter Kulka widmet sich die Galerie der Kunst nach 1945. Das Spektrum der Ausstellungsobjekte ist vielfältig. Auch die Werke aus der eigenen Sammlung der Galerie werden in wechselnden Schauen gezeigt. Stets ist ein Hotelzimmer im Museum von Künstlern gestaltet: Sie können es mieten!

Musikviertel | Karl-Tauschnitz-Str. 9/11 | Straßenbahn: Neues Rathaus | www.gfzk.de Di–Fr 14–19, Sa/So 12–18 Uhr | Eintritt 5 €, erweitert 8 €, Mi freier Eintritt

Wollen Sie's wagen?

Das Denkmal für die Völkerschlacht (▶ S. 118) ist mit 91 m Höhe weithin sichtbar. 500 Stufen führen hinauf – 500 x Fuß auf Fuß. Das ist nur mit schwerem Atem möglich, deshalb nutzen Untrainierte den Fahrstuhl. Doch wer aus eigner Kraft die Sicht genießen darf, hat weitaus mehr davon und kann erzählen.

Im Fokus
Rembrandt am Herzen

Der Raub der Mona Lisa aus dem Louvre sorgte 1911 für weltweite Schlagzeilen, der Diebstahl eines Rembrandt-Portraits 1909 aus einem Leipziger Museum blieb von der Öffentlichkeit weitgehend unbemerkt – nach zehn Minuten war das Bild auch wieder zurück.

Leipzigs Bürger haben Hobbys. Leipzigs Bürger sammeln. Viele der städtischen Museen und Ausstellungen wären ohne Privatinitiative und ohne Privatvermögen nicht existent. Paul de Wit begeisterte sich für Musikinstrumente. Peter Langner war Fotograf und interessierte sich für Technik und Geschichte seines Berufs. Gustav Seyffarth gelang es, einen altägyptischen Sarg zu kaufen. Nicht nur diese Museen entstanden. Auch das Museum der bildenden Künste wurde »1837 vom Leipziger Kunstverein gegründet und besonders durch das reiche Vermächtnis des Kaufmanns Heinrich Schletter gefördert, es enthält eine reiche Sammlung moderner Meister, daneben auch viele bedeutende Werke aus der altdeutschen und niederländischen Schule«, bemerkte der Reiseführer von 1909. Namhafte Künstler beherbergt die Sammlung, oft Schenkungen von Bürgern an ihre Heimatstadt: Cranach, Lehmbruck, Munch, Kokoschka, Permoser, Bernini, Caspar David Friedrich, El Greco oder Tintoretto. Mehrere Räume widmen sich dem »deutschen Rodin«: Max Klinger. Die Leipziger

◄ Im 19. Jh. stand das Museum der bildenden Künste (▶ S. 122) am Augustusplatz.

Schule findet Platz. Die Neue Leipziger Schule hängt daneben. Manch
Maler, der eng mit dieser Stadt verbunden: Tübke, Mattheuer, Heisig, Neo
Rauch, Andreas Weischer, Michael Triegel.

EIN – MEHR ODER WENIGER – ECHTER REMBRANDT

Auch der Name Rembrandt Harmensz van Rijn ist Leipzig verbunden.
»Das Gebiet, auf dem Rembrandt am größten, ja unübertroffen dasteht,
ist das Portrait; keiner vor ihm verstand es, dem menschlichen Kopf ein
so individuelles Gepräge zu verleihen und so viel malerisches Interesse
abzugewinnen«, schwärmte Meyers Lexikon im Jahre 1907. Auch die
Leipziger präsentierten stolz sein »Selbstportrait«. Es zeigt den Künstler
keck mit Hut. »Das Gesicht durch den Schlagschatten des Baretts halb
verdunkelt, wodurch die Persönlichkeit des Portraitierten etwas Rätsel-
haftes erhält. Die Handschrift ist eigenwillig und skizzenhaft.« Lange Zeit
galt es als Original von Rembrandts Hand. Die Wissenschaft datiert es
zwischen die Jahre 1645 und 1650. Jedoch sah der Künstler in den Jahren
der Fertigstellung des Gemäldes älter aus. Ein Selbstportrait kann es nicht
sein. »Wahrscheinlich ist, dass das Bild unter unmittelbarer Aufsicht des
Meisters geschaffen wurde und somit ein spannendes Zeugnis seiner
Werkstattpraxis darstellt.« Später wurde es dem Rembrandt-Schüler Carel Fabricius zugeschrieben. Aber auch dessen Urheberschaft ist umstritten. Sicher ist, das Gemälde zeigt den Künstler lebensecht. Sicher ist, das
Gemälde besitzt hohen künstlerischen und materiellen Wert. Sicher ist
auch, das wertvolle Bild wurde gestohlen.

EIN REUIGER DIEB

Sommer 1909. Eugen Schweiger ist 33 und arbeitet als Bankangestellter in
Budapest. Das ist Familientradition. Sein Vater betreibt dort ein eigenes
Börseninstitut. Eugen Schweiger hat Urlaub und möchte das Leben zumindest in diesen Tagen genießen. Er erholt sich in Frankreich, in Belgi-
en, in den Niederlanden. Schweiger liegt am Strand. Er besucht Museen.
Er besucht Frauen. Fast sechs Wochen dauert seine Reise durch Europa,
die ihn in viele Metropolen führt. Auf seiner Heimreise will er Deutschland kennenlernen. Abends am 19. August erreicht sein Zug Leipzig.
Eugen Schweiger beschaut tags darauf die Sehenswürdigkeiten, trinkt
vielleicht ein Käffchen im Coffe Baum, isst zu Mittag. Drei Uhr nachmit-

tags steht er auf dem Augustusplatz und weiß nicht weiter. Sein Zug gen Dresden geht erst abends gegen sechs. Was tun in dieser Zeit in dieser fremden Stadt? Der Augustusplatz galt damals als einer der schönsten und größten Plätze der Welt, Mittelpunkt der durch die Vororte erweiterten Stadt, Kreuzungspunkt vieler Straßenbahnen. An seiner Südseite das 1858 von Ludwig Lange erbaute Museum der bildenden Künste, erweitert 1886 aus Mitteln der Grassi-Stiftung von Hugo Licht. Den Museumsbau zerstörten die Bomben des Zweiten Weltkriegs, an seiner Statt empfängt heute das neue Gewandhaus (▶ S. 65).

Eugen Schweiger beschließt den Museumsbesuch und betritt den Saal, in dem das Rembrandt-Portrait zu sehen ist. Es fasziniert ihn. Die Psychologie spricht von »augenblicklich entflammter Leidenschaft«. Das Bild musste ihm gehören. Sofort! Eugen Schweiger schaut sich um. Die »Einmaligkeit der Situation«, sie kam hinzu. Aufsichtspersonal war nicht zu sehen. »Eugen Schweiger nimmt das an der Wand mittels einer Schraube befestigte Selbstbildnis Rembrandts im Werte von etwa 30 000 Mark bewusst, um es dem Eigentümer dauernd zu entziehen, um selbst eigentümerisch darüber zu verfügen, an sich. Zudem er es unter seinem Mantel verbarg, gelang es ihm, das Museumsgebäude zu verlassen, ohne von einem der Aufseher angehalten zu werden. Er erreichte mit seiner Beute den Augustusplatz und ging auf ihm etwa 10 Minuten lang umher.« Eugen Schweiger spürte das Kunstwerk unterm Mantel nah an seinem Herzen. Er dachte nach, was er soeben getan hatte: Er hatte gestohlen. Er war ein Dieb! Ihm schlug das Gewissen. »Dann fasste Eugen Schweiger den Entschluss, das Bild heimlich in das Museum zurückzuschaffen. Dabei wurde er jedoch gefasst.«

GEISTESSTÖRUNG ODER NICHT?

Diesen Tatbestand gibt der Beschuldigte zu. Aber er weiß nicht, wie es dazu gekommen ist. Er muss in einer Anwandlung von Unzurechnungsfähigkeit gehandelt haben, versucht Schweiger die Tat zu erklären. Ihm wird nicht geglaubt. Er wird eine Woche nach dem Diebstahl angeklagt, »eine fremde bewegliche Sache eines anderen in der Absicht, sich diese rechtswidrig zuzueignen, weggenommen zu haben.« Untersuchungshaft wird angeordnet. Der Staatsanwalt ist sich eines schnellen Verfahrens gewiss. Aber das Gericht entspricht der Bitte, den Täter auf Kaution bis zum Prozess aus dem Gefängnis zu entlassen. Schweigers Vater zahlt eine hohe Kaution, die dem Wert des Bildes angemessen ist: 30 000 Mark, genau den momentanen Verkaufswert des Bildes. Der Sohn reist nach Budapest, um sich einer psychiatrischen Untersuchung zu unterziehen. Die heimatlichen Ärzte stellen fest, »dass der Angeklagte zur Zeit der Tat sich in einem Zustande krankhafter Störung seiner Geistestätigkeit befunden hat, durch den seine freie Willensbestimmung ausgeschlossen war«. Man zitiert das Protokoll: Der Patient »kann nicht glauben, dass er das Bild aus dem Museum forttrug. Er lief zurück, um das Bild zurückzubringen, soviel weiß er, dass er damals großen Seelenschmerz und starken Kopfschmerz hatte. Daran erinnert er sich nicht, dass der Diener in der Halle ihn angesprochen und ihm gefolgt wäre, aber er erinnert sich, dass der Diener am Fenster neben ihm stand und ihn frug, was er wolle, worauf er mechanisch antwortete, dass er den Katalog suche, und in der Gegenwart des Dieners das Bild auf den leeren Platz an die Wand hängte, von welchem er später erfuhr, dass es ein Rembrandt-Bild war.« Fakt: Zum Prozess wird es nicht kommen. Schweiger ist verwirrten Geistes.

Die Leipziger Polizei zweifelt an der Diagnose und stellt ein Auslieferungsersuchen, was abgelehnt wird. Jahr für Jahr dasselbe Spiel: im Januar der Antrag, im Februar die gutachterliche Ablehnung. Auf Eugen Schweiger angesetzte Spitzel stellen fest: Der geht Börsengeschäften im Auftrag seines Vaters nach, für Geistesgestörtheit sehen sie keine Indizien. Allein, der Täter wird weder verhaftet noch überstellt. Im Dezember 1917 verfällt die väterliche Kaution der Staatskasse. Die Familie Schweiger protestiert vergebens. Am 1. März 1923 stellt die Staatsanwaltschaft das Verfahren wegen Verjährung ein. Über das weitere Schicksal Eugen Schweigers ist nichts bekannt.

BILD ZURÜCK UND DENNOCH VERSCHWUNDEN

1911, zwei Jahre nach der Tat in Leipzig, wird aus dem Louvre in Paris die »Mona Lisa« gestohlen. Der Raub wurde der Welt ein Ereignis. Die Schlagzeilen überschlugen sich. 24 Monate blieb das berühmteste Gemälde der Welt verschwunden. Vom Diebstahl des Rembrandt-Bildnisses aus dem Leipziger Museum 1909 erzählt nur eine Akte. Das Portrait hing auch nach zehn Minuten wieder an seinem Platz. Heute ist das Bild in einem der Magazine des Museums verschwunden. Nichts erinnert an Rembrandt. Nichts erinnert an Schweigers Zehn-Minuten-Diebstahl. Sollten Sie Deutschlands umfangreichste bürgerliche Gemäldesammlung im neuen Bildermuseum besuchen, melden Sie sich bei den Verantwortlichen und fordern Sie, Carel Fabricius' Rembrandt-Bildnis Ihnen und der Öffentlichkeit wieder zu präsentieren. Diese Geschichte ist es wert, erzählt zu werden. Leipzig wäre um eine Attraktion reicher.

NAH AM ZENTRUM, MITTENDRIN

Die Innenstadt ist mit ihren Sehenswürdigkeiten allbekannt, deswegen beginnen wir unseren Spaziergang nicht weit entfernt am ältesten deutschen Kopfbahnhof und laufen durch ein ehedem übel beleumundetes Viertel, das viele Geschichten erzählt. Dann begeben wir uns auf den grünen Innenstadtring, vorbei an Denkmalen bekannter und unbekannter Größen sowie honorablen Gebäuden, um, vorbei an Thomaskirche und ältestem Kaffeehaus Deutschlands, mittendrin in der Stadt auf dem Marktplatz zu enden.

◄ Ein Bogengang verbindet das Neue Rathaus (▶ S. 128) mit dem Stadthaus (▶ S. 129).

START Bayrischer Bahnhof
ENDE Marktplatz
LÄNGE ca. 4 km

Ob mit Bahn, Straßenbahn oder Bus, der Bayrische Platz ist einer der Verkehrsknoten der Innenstadt. Bis 1915 besaß er das größte Passagieraufkommen Europas. Denn an seiner südöstlichen Front steht auch noch heute der älteste Kopfbahnhof Deutschlands, der **Bayrische Bahnhof.** Die erste deutsche Ferneisenbahnverbindung fuhr 1839 von Leipzig nach Dresden. Es ist heute unvorstellbar, »daß es jemals anders gewesen sein könnte, in den Wagen ohne alle Furcht oder sonstige Bedenken und spreche nur allenfalls seinen Unwillen darüber aus, daß die Fahrt nicht rascher vor sich gehe, daß die Wagen nicht bequemer seien, daß durch öfteres Anhalten zu viel Zeit verloren werde«. 1842 hielten die Züge auch am Bayrischen Bahnhof. Personenschuppen und Perrons ließen Passagiere jedoch im Regen stehen. Der Leipziger Architekt Eduard Pötzsch entwarf den ersten Bahnhof aus Stein. 1844 war er fertiggestellt. Im Zweiten Weltkrieg fielen die linken Hallen in Trümmer. In den Gebäuden rechter Seite wird heute selbst gebraute Gose (▶ S. 27) ausgeschenkt. Beeindruckend der Portikus, der für den Bau des City-Tunnels auf Teflon-Blechen verrückt und wieder zurückgeschoben wurde.

Vom Bayrischen Bahnhof wenden Sie sich Richtung Norden. Paul List war einer der Eisenbahnpioniere, an der nach ihm benannten Straße Nr. 5 finden Sie das **Hotel am Bayrischen Platz** (▶ S. 24). Im damaligen Hotel Hochstein nächtigte vom 22.–24. September 1874 Karl Marx mit Tochter, als er seinen Patensohn Karl Liebknecht besuchte. Eine Tafel am Gebäude ward 1990 entfernt, jetzt gedenkt sie seiner am Hauseingang wieder.

Sie wenden sich nördlich in die Nürnberger Straße und bemerken den Halbrundbau im Stalin-Stil der 1950er-Jahre, das **Anatomische Institut** (Liebigstr. 13). »Hic gaudet mors succurrere vitae – Hier steht der Tod im Dienst des Lebens«, lautet die Inschrift der Tafel über dem Eingang. Der Neubau der Einrichtung erfolgte 1956 durch die Architekten Geißler und Rauschenbach. Er orientiert sich am klassischen anatomischen Theater. Der »Bombentrichter« bietet mehr als 500 Hörern Platz. Im Viertel östlich dahinter, an Liebig- und folgender Lenné-Straße befinden sich die Kliniken der Universität und deren naturwissenschaftliche Institute. Wilhelm Ostwald, Werner Heisenberg, Angela Merkel – Namen die damit verbunden sind. Gegenüber im Internatsgebäude lädt der Studentenkeller STuK (Nürnberger Str. 42), der nicht nur Studenten offen steht, mit sehr moderaten Preisen zur Einkehr ein.

Ein verruchtes Viertel

Sie bleiben auf der Nürnberger Straße, weiter nördlich, nach der Georg-Schumann-Mittelschule, sehen sie rechter Hand Häuser des DDR-typischen Plattenbaus, hier mit künstlerischer Fassadengestaltung der 1980er-Jahre. Links das Gebäude von **Breitkopf & Härtel** (Bauhofstr. 3–5), in dem der älteste

Musikverlag der Welt noch heute residiert. Wenden Sie sich nach der kleinen Parkanlage links in die Seeburgstraße. Ein Blick durch die kleine Grünanlage zeigt rechtwinklig abgehend die Turnerstraße, die ihren Namen nach der 1913 anlässlich des 12. Turnfests errichteten und von Ferdinand Götz inspirierten (noch heute benutzten) Sporthalle (Leplaystr. 11, um die Ecke) erhielt.

Das Viertel stand ehedem in Verruf: Hier empfingen die Gesellschaftsdamen ihre Freier. Eine solche war um 1880 auch **Hedwig Courths-Mahler**s Mutter. Die Autorin hat nie über sie gesprochen. Doch hier verfasste das pubertierende Mädchen erste Geschichten, hier verliebte sie sich in ihren Ehemann, hier wurden erste Werke von ihr gedruckt. Heute Inbegriff der Trivialliteratur, sind die Romane der Courths-Mahler weit mehr als Schnulzen. Sie beschreibt selbstständige und selbstbewusste Frauen – in diesem Prostituiertenviertel liegen dafür die Gründe.

Weiter geht es die Seeburgstraße entlang fast bis zu ihrem Ende. An der Stelle des mächtigen Gründerzeitgebäudes rechts nächtigten auf der damaligen Sandgasse die Straßendirnen. »Im Eingange des Hauses durch einige beleidigende Worte von ihr zur Wuth gereizt, und in dieser unglückseligen Stimmung vollbrachte er die beschlossene Mordthat mit sieben Stichen mittelst einer Degenklinge, von welchen Wunden die eine dergestalt gefährlich war, daß der Tod der Unglücklichen darauf erfolgte.« Der Ort ist nicht mehr genau zu finden, doch eben hier starb Johanna Christiane Woost. Ihr Mörder

Johann Christian **Woyzeck** erlangte durch das Drama Georg Büchners Weltbedeutung. Erstmals in der deutschsprachigen Literatur ist ein Asozialer Hauptheld eines Bühnenstücks. Und erstmals diskutieren Deutschlands Justiz und Wissenschaft, ob ein Täter temporär geistig unzurechnungsfähig sein kann, z. B. durch Alkoholmissbrauch.

Sie folgen der Seeburgstraße, die die Ringbebauung (▶ S. 90) abschließt. Ein kleiner Durchgang führt sie auf den Roßplatz an Innenstadtring. Sie wenden sich links und gehen am Laden des »Kapitaldruck« vorbei. Am Ende des Gebäudes finden Sie die Gedenktafel, die ein Karl-Marx-Kopf ziert. Denn hier am Roßplatz 3 b druckte Otto Wigand 1867 »Das Kapital«, Marx' persönliches Exemplar dieser Erstausgabe ist Teil des UNESCO-Weltdokumentenerbes. Und hier am Roßplatz griffen Polizeibeamte den trunkenen Woyzeck auf, der behauptete, Stimmen hätten ihm den Mord befohlen.

Sie gehen rechter Seite über die zweiteilige Ampel der Kreuzung (von hier ohne Zwischenhalt nur mit erhöhtem Tempo möglich). Rechts im grünen Stadtring, hier die Lennéanlage, erhebt sich der Promenadenhügel. Auf ihm das **Denkmal für Bürgermeister Otto Koch**, das ihm »die dankbaren Bürger der Stadt« in Anerkennung seiner Amtsführung bereits zu Lebzeiten 1873 setzen, u. a. lehnte Koch den Titel Oberbürgermeister ab.

Hinter dem Promenadenhügel erkennen Sie die Mauern der **Moritzbastei** (▶ S. 39). Davor in der Niederung des alten Stadtgrabens erblicken Sie das weltweit erste Denkmal für **Robert**

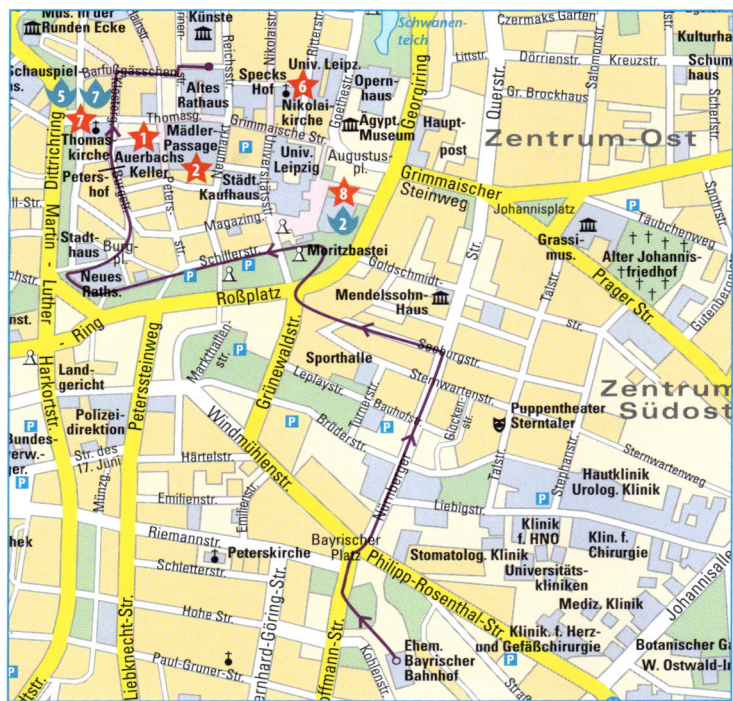

Schumann (▶ S. 117), der in Leipzig seine Ehe einklagen musste. Eine legendäre Liebesgeschichte folgte, die nicht
nur Musik, sondern auch sechs Kinder
hervorbrachte.
Sie wenden sich westlich, gehen über
die Universitätsstraße und folgen dem
Weg in den **Schillerpark**. Auch er entstand aufgrund eines Konzeptes von
Peter Joseph Lenné, dem berühmten
Gartenarchitekten des Klassizismus.
Erneut ersichtlich, den Stadtgraben
vermochte man nicht vollständig zu
verfüllen, sodass Sie etwas abwärts
schreiten. Linker Hand erblicken Sie
das **Gellert-Denkmal**, dessen Entwurf

von Adam Friedrich Oeser stammt,
Goethes Zeichenlehrer und erster Rektor der Leipziger Kunstakademie (▶
S. 98). Die Kopie des verschollenen
Denkmals steht seit 1909 an dieser Stelle. Christian Fürchtegott Gellert (1715–
1769) wirkte an der Universität als Lehrer (auch er unterrichtete Goethe) und
revolutionierte hier u. a. mit Caroline
Neuber das deutsche Theater.
Laufen Sie nordwestlich wieder ein
Stück den Hügel hinan, und Sie stoßen
auf das Denkmal für den Namengeber
der Parkanlage: **Friedrich Schiller**.
Auch dieser Name ist mit der Stadt verbunden, wohnte doch Schiller im Dorf

Gohlis 1785 vor Leipzigs Stadttoren und verfasste dort die ersten Entwürfe für seine »Ode an die Freude«. Das 4,5 m hohe Denkmal entwarf Johann Hartmann und deutet den Schriftsteller allegorisch: Der Kopf mit hohlen Augen zitiert die Klassik der Antike. Der Mann zur Linken »die Erhabenheit«, die Frau rechts »die Tragik«. Trauernd schmiegen sie sich an den Sockel aus weißem Laaser Marmor.

Nördlich geht von der Schillerstraße der Neumarkt Richtung Innenstadt und Markt. Wir verweilen in der Parkanlage und wenden uns weiter westlich. An der Kreuzung Petersstraße erhalten Sie Zugang zum **City-Tunnel** (▶ S. 17). Der Entwurf vom Architekturbüro Max Dudler erinnert durch den massenhaften Verbau gläserner Ziegel an ein öffentliches Pissoir vergangener Zeit, soll aber dem »klaustrophobischen Tunneleffekt« durch Vermittlung eines Gefühls von »Geborgenheit und Sicherheit« entgegenwirken.

Wo Martin Luther Geschichte schrieb

Gegenüber der S-Bahn-Station steht das Gebäude der Deutschen Bank, erbaut als zweites Geschäftshaus der **Leipziger Bank** (▶ S. 66). Die Bank ging durch das Fehlverhalten der Geschäftsführung und ihrer Aufsichtsräte 1901 pleite. Hinter der Bank erblicken Sie den Sitz des Leipziger Oberbürgermeisters, das **Neue Rathaus** (▶ S. 58). Martin Luther disputierte im Sommer 1519 an jener Stelle und machte die Reformation damit öffentlich. Der Nachfolgerbau ward abgerissen und 1905 das Neue Rathaus eröffnet. Stadtbau-

Der Grüngürtel um die Leipziger Innenstadt geht auf die ehemaligen Wallanlagen zurück. Im südlichen Abschnitt lädt hier der Schillerpark (▶ S. 127) zur Rast ein.

direktor Hugo Licht empfand es einer Märchenburg nach: So entdecken Sie im Mauerwerk kleine Szenen von Rotkäppchen bis zu den Sieben Raben. Drei Frauenfiguren krönen neben Lipsa und dem Wappentier, dem Löwen, das Dach: Verschwiegenheit, Kraft und Wahrheit – Tugenden, die Abgeordnete besitzen sollten. Vorm Haupteingang zwei Löwen mit Frosch und Schlange – auch sie sind interpretierbar: Es soll nicht doppelzüngig oder großgesprochen werden. Achten Sie auf die Klinken: Schnecken sitzen darauf, was wohl 1905 schon sagen sollte, wappne dich mit Geduld, wenn du einen Behördengang zu machen hast.

Sie gehen am Rathaus entlang und herum. An der Eckseite, zweiter Stock, stehen vorm Zimmer des Oberbürgermeisters fünf Figuren, die Attribute der Stadt: Gerichtsbarkeit, Industrie/Handel, Weisheit, Musik und das Buch. Wenden Sie Ihren Blick in die andere Richtung über den Straßenverkehr, erblicken Sie das **Reichsgerichtsgebäude** (▶ S. 100): Ein Monumentalbau der Kaiserzeit, heute das Bundesverwaltungsgericht. Die Metall-Stelen davor leuchten des Abends blau. Vor Ihnen in den Boden eingelassen: das **Goerdeler-Denkmal** (▶ S. 58) von Jenny Holzer und Michael Glier. Carl Friedrich Goerdeler wurde als Verschwörer des 20. Juli 1944 hingerichtet. Zitate von ihm sind im Schacht zu lesen. Im 5 m tiefen Trichter schlägt die Glocke mehrmals am Tag.

Vom Martin-Luther-Ring Richtung Norden biegen Sie in die erste abgehende Straße nach rechts ein. Sie trägt den Namen Hieronymus Lotter – Leipziger Bürgermeister und Stadtarchitekt

im 16. Jh. Die vormals hier stehende Pleißenburg hat er konzipiert wie auch das Alte Rathaus und die Moritzbastei. Die Straße quert eine Fußgängerbrücke, die vom **Stadthaus** ins Rathaus führt. Denn bereits bei Eröffnung war das Neue Rathaus als Amtsgebäude zu klein. Die Fassaden des Neubaus sind schmuckloser als die des Repräsentationsbaus vorher. »Beamtenlaufbahn« nennt man die Brücke und meint, dass junge Angestellte erst im Stadthaus die Sporen verdienten und dann im Rathaus weiter Karriere machten.

Jetzt befinden Sie sich auf dem Burgplatz. Im Pflaster sehen Sie schwarze Steine, die den Grundriss der alten **Pleißenburg** nachzeichnen. Doch fällt Ihr Blick unter der Reklame des Cinestars auf eine Baugrube, die sich seit fast 20 Jahren dort befindet. Im Übereifer der Nachwendezeit wurde geplant und nicht gebaut, und neue Ideen und Investoren fanden sich danach auch nicht ein. Die Baugrube blieb.

Rechter Hand leuchtet der Eingang des **Ratskellers** (▶ S. 60), eine Gaststätte mit gutem Ruf. Gleich hinterm Eingang empfängt Sie ein 3 m hoher Stuhl als Symbol der Gastlichkeit. Die Kellerräume waren vom Rathaus die ersten, die der Öffentlichkeit übergeben wurden, ein Jahr vor Fertigstellung am 1. Oktober 1904. Davor sprudelt mit 140 feinen Wasserstrahlen der **Rathausbrunnen** von Georg Wrba. Er erinnert an Neubau, Architekt und die verantwortlichen Bürgermeister. Obenauf die lebensgroße Figur eines jungen Flötenspielers, der gern als Rattenfänger interpretiert wird. Aufmerksam sollten Sie die Plastik am Gebäude zur Hugo-Licht-Straße betrachten: Ein großer

Kopf verschlingt den kleinen Menschen – die Stadt frisst ihre Steuerbürger. Weisheit auch schon vor mehr als einem Jahrhundert.

Späte Anerkennung für Bachs Wirken in der Stadt

Wenn Sie über den Burgplatz schreiten, treffen Sie am Eingang zur Burgstraße auf eine Gedenkplatte auf einer der granitenen Sitzgelegenheiten. Sie erinnert an **Christian Friedrich Henrici**, den Textdichter der großen Werke Johann Sebastian Bachs wie Matthäus-Passion oder Kaffee-Kantate. Geistliche Werke verfasste er wohl aus finanziellen Gründen, denn derbe Lustspiele waren eher sein Metier.

Sie spazieren die Burgstraße zum Thomaskirchhof. Hier empfängt Sie das Standbild einer Ikone der Musikgeschichte: **Johann Sebastian Bach** wirkte 27 Jahre in der Metropole, doch wussten die Leipziger zu seinen Lebzeiten nicht, welches Genie sie beschäftigten. Erst Felix Mendelssohn-Bartholdy wertschätzte die Leistung Bachs und stiftete dessen Denkmal (1843 eingeweiht) in den Parkanlagen vor der Thomaskirche. 1894 fand man einen Sarg auf dem Alten Johannisfriedhof, in dem man Bach vermutete. Nach den Schädelknochen und wissenschaftlichen Vorgaben formte Carl Seffner Bachs Aussehen und schuf das neue Bachdenkmal (1908 enthüllt) vor der Thomaskirche. Die erste Gesichtsrekonstruktion weltweit. Das Bosehaus vis-à-vis ist das einzige Gebäude, das schon zu Bachs Zeiten an diesem Platz stand. Es beherbergt heute das Museum (▶ S. 112) für den Director Musices Lipsiensis, Thomaskantor, Komponis-

ten, Lehrer … Angenehmen Aufenthalt bieten hier diverse Cafés und Restaurants. Wenden Sie sich nach rechts und betrachten Sie hinterm Buchladen die Auslagen im **Café Kandler**: Die Leipziger Lerchen (▶ S. 26) sind ein Muss für einen Besucher der Stadt. Weiter auf den großen Thomaskirchhof und Blick auf den Giebel der **Thomaskirche** (▶ S. 59). Mit 67 Grad Neigungswinkel ist er einer der spitzesten Dachkonstruktionen Europas. Eine Besteigung des Turmes mit Blick in den Dachstuhl ist lohnend. Ein kurzer Weg über die Grünanlage bringt Sie zum Markt. Doch wir wenden uns weiter nördlich in die Klostergasse und begegnen linker Straßenseite dem Restaurant **Paulaner** (▶ S. 62), das seit 1901 hier residiert. Die Räume des Renaissancebaus nutzte zuvor die **Leipziger Bank**, bis sie den Bankrott (▶ S. 66) erklären musste.

Legendäre Restaurants und Kneipen zuhauf

Dann die Gasse nördlich weiter stoßen Sie auf das Epi-Zentrum des **Drallewatsch** (▶ S. 61). Hier rechter Hand das Barfußgässchen, in dem sich Restaurant an Kneipe reiht. Es fällt auf, dass die Leipziger auch bei kälterem Wetter vor den Türen sitzen. Ein Durchkommen ist nur im Gänsemarsch möglich. Doch wenden Sie sich auf den Platz zum Lipsia-Brunnen. Linker Seite betrachten Sie die restaurierten Fassaden des Trifugiums – drei Gründerzeithäuser, die bis 1990 verfielen, dann Immobilien Dr. Jürgen Schneiders wurden. Gegenüber: das **Haus zum Arabischen Coffe Baum** (▶ S. 28). Alle namhaften Leipziger waren hier zu Gast: E.T.A. Hoffmann, Mozart, Helmut Kohl und die Wildecker Herzbuben, die Oberschwester der Sachsenklinik und Lothar de Maizière. Robert Schumann versammelte sich im Haus mit seinen Davidsbündlern, das Schumann-Zimmer zeugt davon. Künstler trafen sich zur DDR-Zeit in Etage eins. Im zweiten Stock wurden sie von der Stasi abgehört. Richten Sie Ihren Blick nach links auf die Betonwand, blicken Sie auf die Rückfront der »Runden Ecke« (▶ S. 115) der Stasi-Zentrale Leipzigs. Hier vorm Kaffeebaum sei an das Kaffeemuseum im zweiten Stock erinnert.

Apropos: Auch das Restaurant **Zill's Tunnel** (▶ S. 61) östlich am Platz ist legendär. Hatte doch Johann Georg Schrepfer 1775 vor Ort seine Restauration und betrieb darinnen Wahrsagerei. Mit einem spektakulären Selbstmord soll er aus dem Leben geschieden sein. Wahrscheinlich war es eher Mord an einem Anlagebetrüger. Doch war dieser Kriminalfall Initial für Friedrich Schillers Roman »Der Geisterseher«. Die Parallelen sind ganz offensichtlich. Und vor Ort in dieser Kneipe komponierte Carl Friedrich Zöllner »Das Wandern ist des Müllers Lust«, nicht weil alle Müller wanderfreudig wären, sondern Liedautor Wilhelm Müller gern wandern ging.

Bevor Sie zurück ins Barfußgässchen schreiten, wenden Sie sich links durch den Torbogen in **Barthels Hof** (▶ S. 56). Sie betreten hier Leipzigs ältesten erhaltenen Messedurchhof, dessen Grundmauern mindestens ins 16. Jh. datieren. Die Fassaden wurden der Renaissancezeit angepasst. Unter dem prächtig verzierten Erker der Ostseite erblicken Sie das Hauszeichen: die goldene Schlange. So manches nahm im

Hof Quartier, u. a. wurde das Programm des MDR in den 1920er-Jahren hier gemacht. Durch den zweiten Torbogen unterm Erker betreten Sie den Leipziger Marktplatz. Dieser Hektar Pflaster ist der Mittelpunkt der Stadt. Den flankieren berühmte und architektonisch interessante Häuser. Das **Alte Rathaus** (▶ S. 56) mit asymmetrisch positioniertem Turm beherrscht die Ostseite. Die Nordseite ziert die wieder aufgebaute Fassade der **Alten Waage** mit Sonnenuhr. Im Haus Markt Nr. 6, im Türmchen, schrieb Johann Gottfried Seume erste Reiseliteratur. Im Alberthaus (gleich neben Barthels Hof) finden Sie das **Centralkabarett** (▶ S. 64). Und wenn Sie den Blick zurück zum Alten Rathaus schweifen lassen, fällt Ihnen noch die gelbe erkergeschmückte Fassade des **Königshauses** ins Auge. In diesem Gebäude nächtigte August der Starke und nachfolgende Herrscher. Heute beherbergt es eine Einkaufspassage. Beim Blick gen Norden sehen Sie den »Klotz« des Museums der bildenden Künste, davor in der Katharinenstraße die Leipzig-Info. Dieser vis-à-vis: Leipzigs barocke Meile mit Bürgerhäusern des frühen 18. Jh. Vorm **Romanushaus** (1704) der Hermes weist auf Handelstätigkeit.

Mitten auf dem **Marktplatz** ist mit bunten Pflastersteinen das Stadtwappen Leipzigs in den Boden eingelassen. Bitte nicht betreten! An dieser Stelle stand das Schafott bei öffentlichen Hinrichtungen. Deren letzte war an dieser Stelle die Enthauptung Woyzecks 1821. Eine Richtstätte der Weltliteratur. Falls Sie doch einen Fuß aufs Wappen setzen, bringt's Unglück. Und das sollte Sie nicht herausfordern.

DAS UMLAND
ERKUNDEN

Beeindruckend ist der Bergbau-Technik-Park
(▶ S. 136) im Leipziger Neuseenland.

ROMANTISCHE AUSFAHRT

CHARAKTERISTIK: Die älteste Eisenbahnstrecke lädt zum Tagesausflug (bei Halt und Ausstieg). Ausgangspunkt Hauptbahnhof Leipzig (mit dem Auto möglich, aber weniger entspannt). Dann Fahrt zu Technik-, Personen- und Naturgeschichte. **DAUER:** Tagesausflug **EINKEHRTIPPS:** Restaurant Schloss Machern, Schlossplatz 1, Tel. 03 42 92/7 20 79, www.schlossmachern.de, Mo–Fr 8–10 und 17–22.30, Sa/So ab 11 Uhr; Altes Zollhaus, Schlossplatz 2a, Tel. 03 42 92/79491, www.machernzollhaus.de, tgl. ab 11 Uhr
KARTE: S. 137, c 1

Die Eisenbahnstrecke Leipzig – Riesa – Dresden wurde 1839 aufgrund einer Privatinitiative in Betrieb genommen. Manch Hindernis war zu nehmen, u. a. die Querung von Mulde und Elbe sowie die Anstiege der Macherner Berge. Die Strecke befährt heute die Leipziger S-Bahn-Linie 11 im Stundentakt. Sie besteigen am Hauptbahnhof den Zug. Der größte Sackbahnhof Europas eröffnete 1915 mit 26 Gleisen, da die Preußische wie Sächsische Staatsbahn auf jeweils 13 bestanden. Drei Bahnsteige wurden beim jüngsten Umbau für ein Parkhaus eingespart. In der Regel ab Gleis 20 setzen sich S-Bahn oder Regional-Express in Richtung Wurzen in Bewegung und folgen dem Verlauf des alten Handelswegs Via Regia.

Das Dorf **Leipzig-Sellerhausen**, die erste Station unseres Ausflugs, wurde 1890 Leipzig eingemeindet. Sehenswert ist die von Paul Lange errichtete Emmauskirche. Doch hat der Ort auch Literaturgeschichte geschrieben: Denn hier ereignete sich am 15. August 1847 jenes tragische Geschehen, das Gottfried Keller Inspiration zur Novelle »Romeo und Julia auf dem Dorfe« gab. Die Gemeinde **Borsdorf** liegt im grünen Gürtel Leipzigs. Sehenswert die

Barockkirche im Ortsteil **Panitzsch**, die mit einer Flemming-Orgel aufwartet. Vor dem alten Schulgebäude erinnert eine Stele an die Ärztin Margarete Blank, die Kriegsgefangenen Medikamente organisierte und am antifaschistischen Widerstand teilnahm. Kurz vor Kriegsende wurde sie in Dresden hingerichtet. Ihr ehemaliges Wohn- und Praxishaus ist heute **Gedenkstätte**. Im »Güterboden« und in Sichtnähe des Bahnsteigs gibt ein **Tankstellenmuseum** mit Ausstellungsstücken von Benzinkanister bis Zapfsäule, von Leuchtreklame bis Werbefiguren, von Ölabsauger bis Gemischrezeptur einen anschaulichen Einblick in Geschichte und Fortschritt der Tankkultur.

Ein kurzer Abstecher nach **Beucha** (Bahnstrecke Leipzig – Döbeln – Dresden) lohnt zur Besichtigung der bereits 1280 erwähnten Bergkirche des Orts. Der Kirchberg wurde hälftig abgetragen und lieferte den Granitporphyr zum Bau des Leipziger Völkerschlachtdenkmals. Bergsteiger haben die Klippen längst als Bouldergebiet entdeckt. Bootsfahrten und Baden sind auf dem entstandenen See möglich.

Die sehenswerte Dorfkirche von **Gerichshain** gehört mit ihrer Orgel von

Johann Gottlob Trampeli zur »Orgel-straße Leipziger Land«. In **Altenhain** rechtfertigt das Gutshaus im Stil der Frührenaissance den Ausstieg.

Der Bahnhof Machern liegt in einem künstlichen Tal. Da die Kraft der Dampfmaschinen 1839 nicht die Anstiege der Machener Berge überwunden hätten, trug man das Erdreich ab. **Machern** ist Leipziger Naherholungsort. Die Lübschützer Teiche gelten als Geheimtipp zu dem Leipzig näher gelegenen Neuseenland. Hier ließ, getarnt als Ferienanlage eines VEBs, die Stasi-Bezirksverwaltung ihren **Bunker** in den Boden rammen. Zufällig zur Jahreswende 1989/90 entdeckt, ist er im Original erhalten und zu besichtigen (geöffnet jedes 4. Wochenende im Monat, mit kleinem Museum). Im Ortsteil **Püchau** beeindrucken das neogotische **Schloss** im englischen Landschaftsgarten und ein Pfauenhof. Machener Attraktion ist der von Reichsgraf Carl Heinrich August von Lindenau umgestaltete Park, der den Vergleich mit Wörlitz oder Muskau nicht scheuen muss. Beim Spaziergang durch die romantische Gartenanlage begegnen Sie Tempel, Ritterburg oder Pyramide. Die Burghöhe beträgt 26 m. Eingang ist eine gemauerte Felswand. Die Pyramide war als echte Begräbnisstätte angelegt. Das liebevoll restaurierte **Macherner Schloss** bietet nicht nur Gastronomie, in der Hochzeitsstube kann man sich auch das Ja-Wort geben.

INFORMATIONEN

Gedenkstätte Margarete Blank
Panitzsch | Margarete-Blank-Str. 25 | jeden 3. Sa im Monat 14–16 Uhr

Die Baugeschichte des Püchauer Schlosses (▶ S. 135) reicht bis ins Mittelalter zurück. Seine heutige Gestalt im tudor-gotischen Stil erhielt es erst in der Mitte des 19. Jh.

WASSER AUF DRECK –
BLICKE INS TAGEBAUGEBIET

CHARAKTERISTIK: Die Tagebaulandschaft im Leipziger Südraum zeigt neben Technik auch eindrucksvolle Einblicke in Bergbau und Rekultivierung. Die entstandenen Seen bieten sommers Freizeitspaß. **DAUER:** Mit eigenem Pkw als Halbtages- oder als Ganztagesausflug. **EINKEHRTIPPS:** Kartoffelhaus Pelle, Leipziger Str. 160, Zwenkau, Tel. 03 42 03/44 59 90, www.kartoffelhauspelle.de, Di–So ab 11.30 Uhr; Vineta-Bistro am Dispatcherturm, Störmthaler See, April–Okt. tgl. ab 10 Uhr bis Sonnenuntergang
KARTE: S. 137, b 2

Die Kohle um Leipzig lag so oberflächlich, dass Bauern sie beim Pflügen aufrissen. Die industrielle Revolution des 19. Jh. fraß Energie, die die Flöze schnell preisgaben. Bereits 1890 wurde die Rohkohle maschinell zu verheizbaren Briketts gepresst. Der Raubbau an Landschaft und Dörfern nahm immer größere Dimensionen an. Auch Leipzig liegt auf hochwertiger Braunkohle, sodass Pläne eines teilweisen Abrisses existier(t)en. Um die Stadt wird noch immer Kohle gebaggert. Die Tagebaue Vereinigtes Schleenhain und Profen gehören heute zu den größten Europas. Mehr als 50 Orte, Ortsteile und Gemarkungen verschwanden. Die Landschaft um Leipzig wandelt sich. **Neuseenland** nennt man die um Leipzig herum rekultivierte Gegend. Über 20 Seen laden zum Baden, Surfen und zur Kaffeefahrt. Sie besitzen beste Wasserqualität. Mit öffentlichen Verkehrsmitteln sind das Neuseenland, die Betriebe und Abbaustätten nur bedingt erreichbar, mit eigenem Kraftfahrzeug jedoch bequem und schnell.

Starten Sie auf der B 2/A 72 Richtung Borna/Chemnitz. Hinter der südlichen Stadtgrenze Leipzigs queren Sie die A 38. Rechter Hand sichtbar der **Bergbau-Technik-Park**. Sie nutzen die nächste Ausfahrt und orientieren sich. Auf 5,4 ha präsentiert sich typisches Tagebaugelände, darauf authentisch und nachvollziehbar der komplette Förderzyklus des Kohleabbaus. Fahren Sie weiter die B 2/A 72 nach Borna, biegen im Ort rechts ab und folgen der Ausschilderung Deutzen. Hinter Deutzen erreichen Sie einen Aussichtspunkt, der Ihnen das Gelände des **Tagebau Vereinigtes Schleenhain**, einem der größten Tagebaue weltweit, vorlegt. Bis 2040 reichen die Pläne, hier Kohle zu fördern. Tafeln beschreiben Technik und Ablauf von Freilegung des Flözes, Abbau, Bandanlagen und Absetzer des nicht verwertbaren Abraums. Sehr beeindruckender Anblick.

Einfacher zur Orientierung ist die Fahrt gleicher Strecke zurück. Die Ortsdurchfahrt **Borna** dominiert rechter Seite der Turm der Stadtkirche St. Marien. Vor ihr steht seit 2007 die aus Heuersdorf hierher versetzte **Emmauskirche**: einziges Gebäude, das auch in Zukunft vom Ort Zeugnis ge-

ben wird. Noch sind einige der unbewohnten Dörfer wie Heuersdorf oder Großgrimma existent, gern genutzte Kulisse für Filme – und Vandalen.

Ausfahrt der B 2/A 72 zurück Richtung Leipzig. Sie nutzen die Abfahrt Zwenkau und lenken nicht Richtung Stadt sondern zu den Kühltürmen des **Braunkohlekraftwerks Lippendorf**. Auf Förderbändern wird die Rohkohle aus dem Vereinigten Schleenhain hierhertransportiert. Es ist eines der modernsten Kohlekraftwerke der Zeit. Seine Kühltürme sind doppelt so hoch wie das Völkerschlachtdenkmal. Zurück Richtung Zwenkau folgen Sie nun der Ausschilderung **Kap Zwenkau**. Dort erwartet Sie zum einen eine Gastronomie (s. o.) zum anderen eine Plattform, die Ihnen Sicht auf den noch in Flutung befindlichen Zwenkauer See und die Landmarken von Leipzig, Belantis und Lippendorf gibt. Der geflutete Tagebau Espenhain wird der größte See des Neuseenlandes: Umfang 22 km,

Tiefe 50 m, Fläche 9,7 qkm. Jeder der Seen um Leipzig bietet eigene Attraktionen. So finden Sie am **Markkleeberger See** den Wildwasser-Kanu-Park und im **Störmthaler See** die Insel Vineta. Die Plattform dieses Kunstprojektes symbolisiert den Kirchturm des untergegangenen Ortes Magdeborn. Die Strände des Markkleeberger und Cospudener Sees erreichen Sie mit den städtischen Nahverkehrsmitteln. Zum Freizeitpark **Belantis** fährt eine eigene Buslinie.

INFORMATIONEN

Bergbau-Technik-Park

www.bergbau-technik-park.de | Ostern–Anf. Nov. Do–So 10–17 Uhr

Tagebau Vereinigtes Schleenhain

Besucherinformation unter www.mibrag. de/media/12 73 48 3876.pdf

Störmthaler See und Insel Vineta

www.vineta-stoermthal.de

LEIPZIG
ERFASSEN

Das Logo der Leipziger Buchmesse ziert die
Treppe in der Haupthalle der Messe (▶ S. 107).

AUF EINEN BLICK

Hier erfahren Sie alles, was Sie über die Stadt wissen müssen – kompakte Informationen über Land und Leute, von Bevölkerung und Sprache über Geografie und Politik bis Religion und Wirtschaft.

GEOGRAFIE

Die Stadt gab dem südlichen Zipfel der Norddeutschen Tiefebene ihren Namen: Leipziger Tieflandsbucht. Schon immer kennzeichneten diese Auenlandschaft Gewässer und ausgedehnte Feuchtgebiete. Das Stadtgebiet queren acht Flüsse. In die Weiße Elster münden Parthe und Pleiße. Auf 30 km Länge durchzieht Leipzig ein Auenwaldgürtel, sie ist somit die drittgrünste Stadt Deutschlands. Leipzig liegt auf ergiebiger Braunkohle. Abbau und Rekultivierung gestaltete das mitteldeut-

sche Tagebaurevier vollständig um. Das entstandene Neuseenland bietet mit 20 Seen mittlerweile 70 qkm Wasserfläche.

KULTUR

Leipzig war nie Residenz, der Herrscher Kunst spendierten. Die Bürger finanzierten sich ihre Kultur wie Gewandhausorchester oder Bildergalerie selbst. Messe und Handel ließen die Stadt zu einem Zentrum der Unterhaltungskultur werden. Leipzig besitzt die höchste Kabarettdichte Deutschlands.

◀ Im Leipziger Auenwaldgürtel (▶ S. 140)
lässt es sich ganz entspannt radeln.

Weltbekannte Musiker waren vor Ort, auf einer »Notenspur« kann man ihrem Wirken folgen. Die Universität mit ihren heute rund 40 000 Studenten ist die zweitälteste Deutschlands. Viele Großereignisse in Kultur, Sport und Wissenschaft finden hier statt. Wie auch Messen weit über den Handel hinaus weisen: »Leipzig liest« ist das größte Lesefestival Europas – 3000 Veranstaltungen in 5 Tagen.

NACHTLEBEN

Seit der Wende gibt es in Leipzig keinen Ausschankschluss, und in einigen Lokalen kann man die ganze Nacht durchmachen. Die Stadt besitzt mehrere Kneipenmeilen: Barfußgässchen im Zentrum, Gottschedstraße im Westen, Karli im Süden. Jeder Stadtbezirk hat sein eigenes Flair.

POLITIK UND VERWALTUNG

Die Oberbürgermeister Leipzigs nach 1990 stellte stets die SPD. Doch sind im Stadtparlament CDU, Die Linke und SPD fast mit identischer Abgeordnetenzahl vertreten, sodass seit 1990 das »Leipziger Modell« das politische Handeln bestimmt, »der alternative politische Versuch, Probleme über Partei- und Fraktionsgrenzen hinweg sachorientiert zu lösen«. Jede der drei meistvertretenen Parteien besetzt Dezernentenposten. Waren die Nachwendejahre durch massiven Wegzug von Einwohnern geprägt, so steigt Leipzigs Bevölkerungszahl gegenwärtig wieder leicht an. Höchstzahl in den 1920er-Jahren: 750 000 Einwohner. Überregionale

Bedeutung besitzt Leipzig seit Gründung als Handels- und Messeplatz.

SPRACHE

Kürzlich wurde Sächsisch zum unbeliebtesten Dialekt gewählt. Ein Affront – die deutsche Hochsprache fußt auf dem sächsischen Kanzleideutsch. In ihm übersetzte Luther die Bibel.

WIRTSCHAFT

Am Schnittpunkt zweier Handelsstraßen war Leipzig stets ein Ort von Verkehr und Märkten. Das Messeprivileg von 1497 besagte, dass im Umkreis von 120 km alle Waren zunächst hier angeboten werden mussten. Industriellen Aufschwung nahm Leipzig Ende des 19. Jh. Vor allem in der Textilindustrie machte es sich einen Namen. 1989 arbeiteten 100 000 Beschäftigte im produzierenden Gewerbe. Heute sind es knapp 20 000 Arbeitsplätze. Porsche, BMW, DHL – Marken, die heute mit Leipzig verbunden werden. Die Erwerbstätigenstatistik: 33 % Dienstleistungen/Verwaltung, 28 % Handel/Tourismus/Verkehr, 25 % Finanz-/Vermietungs-/Unternehmensdienstleistungen, 14 % produzierendes Gewerbe/Bau. Arbeitslos sind 28 500 Personen gemeldet.

BEVÖLKERUNG: 6,2 % mit Migrationshintergrund
EINWOHNER: 523 719
FLÄCHE: 297,6 qkm
INTERNET: www.leipzig.de
RELIGION: 83,8 % ohne, 11,8 % evangelisch, 4,1 % katholisch
VERWALTUNG: 10 Stadtbezirke, 63 Ortsteile

GESCHICHTE

Die alte Messestadt war immer Bürgerstadt. Kein Herrscherhaus lenkte ihre Geschicke. Neben Büchern spielt Musik in Leipzig seit jeher eine gewichtige Rolle. Bach wirkte hier, Thomanerchor und Gewandhausorchester sind ihre klingenden Markenzeichen.

700–900 Slawen besiedeln das Gebiet

Die ältesten Hinweise, die auf eine Besiedlung des Geländes schließen lassen, datieren vor rund 12 000 Jahren aus der Jungsteinzeit. Bandkeramische Kultur entdeckte man auf dem Matthaikirchhof, heute das Gelände hinter der »Runden Ecke«. Dann ward das Territorium den Thüringern zugeschlagen. Ab 700 n. Chr. siedelten Slawen an Mulde, Elbe, Pleiße und Parthe. Noch vor dem Jahre 1000 ward Lipzk von fränkischen Herren übernommen. Im Jahre 1015, berichtet Thietmar von Merseburg, starb auf jener Burg Lipzk der Bischof Eidos von Meißen auf seiner Pilgerreise: die erste Erwähnung

der »urbs Libzi« – Ort bei den Linden. Der Baum, der auch heute noch das Stadtbild prägt.

1165 Der Ort erhält Stadt- und Marktrecht von Markgraf Otto dem Reichen

Der Kaufmannsort lag am Schnittpunkt zweier Handelsstraßen: Die via regia führte von Paris nach Moskau, die via imperii von Skandinavien nach Venedig. 1497 verlieh Kaiser Maximilian I. der Stadt das Reichsmesseprivileg, was sagte: Im Umkreis von 120 km mussten alle Waren zunächst hier angeboten werden. 1507 kam das Stapelrecht hinzu. 1554 jagte man dem russischen Nowgorod den Ruf als Pelz-

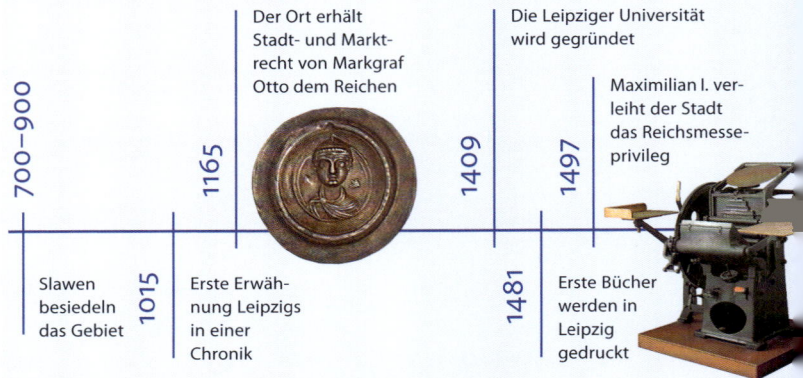

700–900
Slawen besiedeln das Gebiet

1015
Erste Erwähnung Leipzigs in einer Chronik

1165
Der Ort erhält Stadt- und Marktrecht von Markgraf Otto dem Reichen

1409
Die Leipziger Universität wird gegründet

1481
Erste Bücher werden in Leipzig gedruckt

1497
Maximilian I. verleiht der Stadt das Reichsmesseprivileg

handelsplatz ab. Zwischen 1860 und 1930 schlug der Brühl »ein Drittel der Welternte an Rauchwaren um«. Die industrielle Revolution schuf die Voraussetzung: Die Warenmesse wandelte Leipzig zur Mustermesse. Das hieß, vom Produkt wird nur ein Stück ausgestellt, dann auf Bestellung hergestellt. So ist das Leipziger Messelogo seit 1928: das m und M. In den Zeiten des Sozialismus avancierte die Stadt zum West-Ost-Handelsplatz. Nunmehr muss sie sich im Konzert der anderen Messestädte beweisen. Klappt nicht immer, aber immer besser.

1212 Gründung des Thomanerchores

Seit 1212 singt der Thomanerchor in Leipzigs Thomaskirche. Kaum ein Sangesverein ist älter. Berühmte Namen standen ihm vor: Johann Sebastian Bach, Johann Adam Hiller, Erhard Mauersberger. Die Thomasschule wurde neuzeitlich zum Forum Thomanum, ist heute öffentliches Gymnasium, und der Abschluss dort genießt besten Ruf.

1409 Die Leipziger Universität wird gegründet

Aufgrund geänderter Abstimmungsverhältnisse zu ihren Ungunsten zogen die deutschen Professoren und Studenten von Prag gen Leipzig und gründeten hier am 2. Dezember die »alma mater lipsiensis«. Die Leipziger Universität ist somit nach Heidelberg die zweitälteste Universität in Deutschland, an der ohne Unterbrechung gelehrt wird. 1519 wählten sie Katholiken als Ort der Disputation zwischen Martin Luther und dem Heiligen Stuhl zu Rom. Beide Seiten erklärten sich danach zum Sieger. Hier jedenfalls wurde die Reformation erstmals weiten Kreisen öffentlich bekannt. Von Leipzig aus trat die Luthersche Bewegung ihren weltweiten Siegeszug an. Dr. Eck schließlich erwirkte die päpstliche Bannbulle gegen Martin Luther. Der meinte: »Das Evangelium ist so klar, dass es nicht viel Auslegens bedarf, sondern es will nur wohl betrachtet, angesehen und tief zu Herzen genommen sein.« An den Ort des Streits erinnert am Neuen Rathaus eine Tafel.

Am Naschmarkt eröffnet eine der ersten Handelsbörsen

Johann Sebastian Bach wird Director Musices Lipsiensis

Das Große Concert wird Gewandhausorchester

1687

1723

1781

1650

Timotheus Ritsch gibt weltweit die erste Tageszeitung heraus

1765

Johann Wolfgang Goethe wird Student in Leipzig

1481 Erste Bücher werden in Leipzig gedruckt

Bis 1530 erscheinen bereits 1300 Titel. Die Buchmesse, auf der mit Büchern aus allen Teilen Europas gehandelt wurde, erlangt eine eigenständige Bedeutung, die sie bis heute hat. Ein Katalog zur Buchmesse wurde ab 1594 herausgegeben. Außerdem erschien in dieser Stadt 1650 die erste Tageszeitung der Welt. 1754 begründete Johann Immanuel Breitkopf mit der Notenherstellung durch bewegliche und teilbare Notenlettern das Musikverlagswesen. Friedrich Arnold Brockhaus veröffentlichte 1812 den ersten Band seines Konversationslexikons. 1825 wird in Leipzig der Börsenverein der Deutschen Buchhändler gegründet. Anton Philipp Reclam ließ seine Verlagsbuchhandlung 1828 ins Handelsregister setzen. Namen wie Georg Thieme, Wilhelm Heyne, Ernst Rowohlt, Kurt Wolff, Wilhelm Goldmann setzen auf Leipzig. Das »graphische Viertel« entsteht. Ab 1912 sammelt die Deutsche Bücherei alles auf Deutsch erscheinende Schrifttum. 1930 verzeichnet das Leipziger Adressbuch 1096 Buchhandlungen, Buchbindereien und -druckereien und 436 Verlage. Im Bombenhagel des Zweiten Weltkriegs verbrannten mehr als 50 Mio. Bücher. Traditionsnamen verließen die Stadt gen Westen. Von insgesamt 78 DDR-Verlagen residierten 38 in Leipzig. Die Wende ließ auch die Mehrzahl von ihnen verschwinden. Heute stehen im Branchenbuch der Stadt knapp 100 Verlagshäuser. Man setzt auf die Zukunft und weiterhin aufs Buch. Leipzig ist eine Buchstadt geblieben. »Leipzig liest« nicht nur zur Messezeit.

1781 Das Große Concert wird Gewandhausorchester

Das Orchester sponserten die Bürger ihrer Stadt. 1781 erhielt das sogenannte Große Concert nach dem neuen, festen Aufführungsort Gewandhaus den Namen Gewandhausorchester. Heute gehört es zu den renommiertesten und bekanntesten Klangkörpern weltweit. Auch ihm standen legendäre Namen vor: Felix Mendelssohn-Bartholdy, Wilhelm Furtwängler, Franz Kon-

Völkerschlacht bei Leipzig – Richard Wagner wird geboren

Die erste Ferneisenbahn fährt von Leipzig nach Dresden

1813

1839

1825 Der Börsenverein der Deutschen Buchhändler wird gegründet

1843 Eröffnung von Deutschlands erster Musikhochschule

1863 Der Allgemeine Deutsche Arbeiterverein wird gegründet

witschny, Kurt Masur, derzeit Riccardo Chailly. Oper, Musikalische Komödie, Jazz und erstes Musikkonservatorium Deutschlands – Leipzig hat eine lange und einzigartige Musikgeschichte, und besitzt die Stätten, die vom Leben berühmter Komponisten zeugen. Festivals und Festwochen lösen einander ab. So hat sich die Stadt auf die »Notenspur« begeben, eine Initiative, die an die Schauplätze führt: Richard Wagner, Edvard Grieg, Robert Schumann, Leoš Janáček, Gustav Mahler – Namen, die mit dieser Stadt verbunden sind. Der Antrag auf Aufnahme ins Weltkulturerbe der UNESCO ist gestellt.

1813 Völkerschlacht bei Leipzig

Im Oktober 1813 trafen vor den Toren der Stadt die alliierten Armeen Preußens, Österreichs und Russlands auf das französische Heer. Hier erlitt Napoleon seine entscheidende Niederlage. Die Stadt mit ihren damals 30 000 Einwohnern war auf das Gemetzel gar nicht vorbereitet. 500 000 Soldaten trafen aufeinander. 100 000 starben elendiglich im Felde. 70 000 wurden ver-

letzt. Alle öffentlichen Gebäude wie Gewandhaus, Thomaskirche, Schulen wurden Lazarett. Die Ärzte amputierten im Akkord und ohne Narkose. Allein ein Brett bekam der Krieger zwischen die Zähne, dann wurde gesägt. Nur die Nikolaikirche war noch Gottesdiensten vorbehalten. Es wurde in unvorstellbarem Ausmaß gestorben. »Manche haben noch geröchelt«, lebendig warf man Menschen in die Gruben der Massengräber. Nach dem Krieg kamen die Seuchen und rafften weiteres Leben dahin. Lange Zeit hat die Bevölkerung das Trauma und die Folgen nicht überwunden. 120 Denkmale erinnern an die Gräuel dieses Gemetzels. 1895 ergriff Clemens Thieme und der Deutsche Patrioten-Bund die Initiative für die Errichtung eines großen, der Bedeutung der Schlacht angemessenen Denkmals. Bruno Schmitz, der bereits das Kyffhäuserdenkmal geplant hatte, beauftragten sie als Architekt. Der Welt mächtigstes Gebäudedenkmal setzte man ins südliche Schlachtfeld. Es weist weithin sichtbar auf Leipzig und die Schlacht.

1872	1879	1895	1913	1914	1920
Hochverratsprozess gegen Wilhelm Liebknecht und August Bebel	Leipzig wird Sitz des Reichsgerichts	Leipziger Frühjahrsmesse ist erste offizielle Mustermesse	Einweihung des Völkerschlachtdenkmals	Weltausstellung für Buchgewerbe und Grafik auf dem Alten Messegelände	Erste Frühjahrsmesse auf dem Gelände der Technischen Messe

1879 Leipzig wird Sitz des Reichsgerichts

Bereits im Mittelalter war Leipzig ein überregionaler Standort und späterer Sitz des Oberhofgerichts. Den Ort des ehemaligen Galgenberges kennzeichnen noch immer Straßennamen: Gerichtsweg und Rabensteinplatz. Dass Leipzig Stadt des höchsten deutschen Gerichts wird, war umstritten, auch Bismarck stimmte dagegen. Dennoch verlegte man den Sitz des Reichsgerichts 1879 an die Pleiße. Das Gebäude ist einer jener Prachtbauten des Kaiserreichs. Spektakuläre Prozesse fanden statt, umstrittene Urteile folgten: Karl Liebknecht, Georgi Dimitroff, Carl von Ossietzky. Heute residiert hier das Bundesverwaltungsgericht.

1930 Die Stadt zählt 720 000 Einwohner

Leipzig erlebte als Industriestadt in den Gründerjahren des 19. Jh. einen enormen Aufschwung: Im Jahre 1800 zählte die Stadt 30 000 Einwohner, 1930 waren es 720 000. Nach Berlin und Hamburg war es die drittgrößte Stadt Deutschlands, auf gleichem Stand mit München und Köln. Vor allem die Textilindustrie produzierte hier, ganze Viertel sind der Stadt mit der Industrialisierung zugewachsen: z. B. Plagwitz, Reudnitz, Engelsdorf. Große Namen und Unternehmen sind mit ihr verbunden: Adolf Bleichert, Anton Mädler, Robert Blüthner, Willmar Schwabe. Etwa 6000 Menschenopfer zählte man im Zweiten Weltkrieg. Der schwerste Luftangriff zerstörte vom 3. auf den 4. Dezember 1943 gut ein Drittel der Stadtarchitektur. Die Bebauung ganzer Viertel blieb erhalten. Die DDR ließ sie verfallen. Viele der Gebäude konnten sich so jedoch ihre Architektur original bewahren und zeugen unverfälscht von Gründerzeit und Jugendstil. Leipzig ist die Stadt Deutschlands mit den meisten denkmalgeschützten Häusern.

1945 Besetzung Leipzigs

Am 18. April besetzte die 1. US-Armee die Stadt und nahm Quartier im Fürstenhof. Der Oberbürgermeister mit Familie und der Chef der NSDAP hatten sich im Neuen Rathaus selbst er-

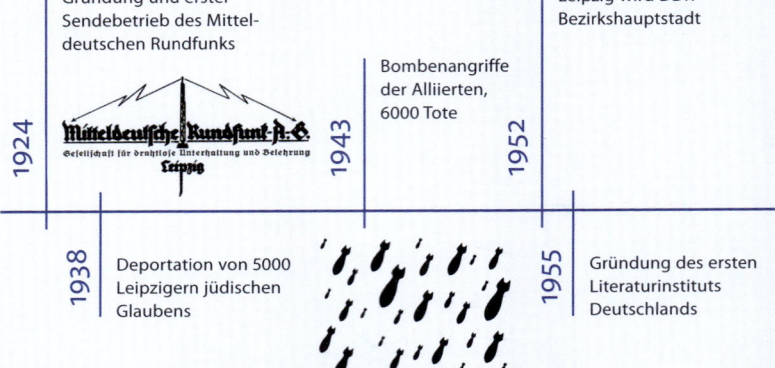

1924

Gründung und erster Sendebetrieb des Mitteldeutschen Rundfunks

Mitteldeutsche Rundfunk-A.-G.
Gesellschaft für drahtlose Unterhaltung und Belehrung
Leipzig

1938
Deportation von 5000 Leipzigern jüdischen Glaubens

1943
Bombenangriffe der Alliierten, 6000 Tote

1952
Leipzig wird DDR-Bezirkshauptstadt

1955
Gründung des ersten Literaturinstituts Deutschlands

mordet. Frank Capa schoss im Hause Jahnallee 61 sein berühmtes Foto »Der letzte Tote des Krieges«. Aufgrund der Beschlüsse der Konferenz von Jalta gehörte Leipzig zur sowjetischen Besatzungszone. Seit dem 2. Juli 1945 marschierte die Rote Armee auf den Straßen. In der DDR war Leipzig nach Ostberlin die größte Stadt: 666 000 Einwohner. Sie war Bezirksstadt und linientreu. Walter Ulbricht (1893–1973) wurde hier geboren. Auch Karl Liebknecht (1871–1919) ist ein Sohn der Stadt. Die Namen August Bebel und Wilhelm Liebknecht sind mit Leipzig verbunden. 1863 gründete sich in Leipzig unter dem Vorsitz von Ferdinand Lasalle der Allgemeine Deutsche Arbeiterverein, die SPD feiert die Stadt als den Ort ihrer Gründung.

1989 Friedliche Revolution

Leipzig wird Heldenstadt genannt, obgleich sie in Kriegen selten den Helden spielte. Doch 1989 kamen hier keine Waffen zum Einsatz, gewaltlos demonstrierten Bürger gegen staatliche Bevormundung und Eisernen Vorhang. Der Straßenring um die mittelalterlichen Stadtgrenzen wurde nach dem wöchentlichen Friedensgebet in der Nikolaikirche zum Symbol der Leipziger Montagsdemonstrationen. Diese entwickelten sich 1982 aus der Friedensdekade der evangelischen Kirche und waren im Sommer 1989 die Keimzelle der Wende, genannt: Friedliche Revolution. Bereits Ende September versuchten Engagierte den Marsch um die Innenstadt und wurden verhaftet und auseinandergetrieben. Nach den Jubelfeiern zum 40. Jahrestag der DDR am 7. Oktober war es keineswegs sicher, dass es gewaltlos bliebe. Ein Aufruf in der Zeitung drohte: »Wir werden die Errungenschaften des Sozialismus auch mit der Waffe in der Hand zu verteidigen wissen!« Den Schießbefehl hat Berlin nie erteilt. Am 9. Oktober liefen 80 000 um die Innenstadt, wenige Wochen später 300 000. Aus »Wir sind das Volk!« wurde »Wir sind ein Volk!« Das sozialistische Weltsystem brach in der Folge zusammen. Der Grundstein der Wiedervereinigung wurde in dieser Stadt gelegt.

1968 Sprengung von alter Universität und Paulinerkirche

1974 Eröffnung der neuen Universität am Augustusplatz

1981 Letzte Hinrichtung in der DDR im Gefängnis Alfred-Kästner-Straße

1996 Eröffnung des Neuen Leipziger Messegeländes

2013 Eröffnung des City-Tunnels

SERVICE

Anreise
MIT DEM AUTO

Leipzig wird von den Autobahnen A 9, A 14 und A 38 umschlossen. Im Dreieck gilt die Umweltzone, sie darf nur mit grüner Plakette befahren werden. Von der A 14 führt die Maximilianallee gut ausgeschildert ins Stadtzentrum. Von der A 38 ist die B 2 als A 72 ausgebaut und endet (fast) ohne Ampel vor Reichsgericht und Neuem Rathaus. Ein Verkehrsleitsystem lenkt mehr oder weniger nachvollziehbar zu Hotels, Sehenswürdigkeiten und Museen. An einigen S-Bahn-Stationen und Straßenbahn-Haltestellen (Agra, Georg-Herwegh-Straße/Neue Messe, Völkerschlachtdenkmal) existieren Park-and-Ride-Parkplätze, von denen Nahverkehrsmittel in die Innenstadt fahren. Die Haltemöglichkeiten in der Innenstadt sind begrenzt und teuer. Die Politessen Leipzigs besitzen überregionalen Ruf.

MIT DEM FLUGZEUG

Auf halber Strecke zur Nachbarstadt Halle befindet sich in Schkeuditz der Airport Leipzig/Halle mit 37 regelmäßigen Verbindungen in 15 Länder. Verkehrstechnisch günstig, benötigen Sie ab hier 1 Std. bis Berlin/Südkreuz per Bahn. Nach Leipzig besteht S-Bahn-Verkehr alle 30 Min. zum Leipziger Hauptbahnhof mit Halt Neues Messegelände. Taxen stehen vor der Ankunftshalle. Verschiedene Führungen erklären Betrieb und Gelände (www.leipzig-halle-airport.de). Voranmeldungen für alle Touren sind unter Tel. 2 24 14 14 von 9–17 Uhr möglich.

MIT DEM ZUG

Von hier aus startete 1839 die erste Ferneisenbahn gen Dresden, seitdem ist Leipzig ein Verkehrsknoten der Deutschen Bahn. Täglich nutzen ihn mehr als 120 000 Fahrgäste. Der größte Kopfbahnhof Europas wurde 1915 eröffnet und liegt an der nördlichen Peripherie der City (Führungen unter Tel. 3 03 91 12). Vor den Haupthallen den Innenstadtring überqueren, und Sie befinden sich im Zentrum. Direkter, schneller und billiger geht's nimmer. Ohne Umsteigen ist die Anreise möglich von: Hamburg, München, Berlin, Köln, Hannover, Bremen. Einzelne Züge verkehren von Wien, Paris oder Zürich. 1997 wurden die Hauptbahnhof-Promenaden als Shopping-Mall eröffnet, die den Einkauf i. d. R. bis 22 Uhr ermöglichen (www.promenaden-hauptbahnhof-leipzig.de).

Auskunft
Deutsche Zentrale für Tourismus

Österreich: Mariahilferstr. 54 | 1070 Wien | Tel. 01/51 32 79 210 | www.germany.travel/de Schweiz: Freischützgasse 3 | 8004 Zürich | Tel. 04 42 13 2200 | www.germany.travel/de

Leipzig Tourist Information ◢◣ D 2

Katharinenstr. 8 (Nähe Markt, 5 Min. vom Hbf) | Straßenbahn: Goerdelerring | Tel. 7 10 42 60 | www.leipzig.travel,

www.leipzig.de | Mo–Fr 9.30–18, Sa
9.30–16, So 9.30–15 Uhr | Zimmerver-
mittlung: Tel. 7 10 42 55, Stadtführungen:
Tel. 7 10 42 80, Ticketservice: Tel. 26 67 42 89

ÖPNV-Auskunft 🚊 D 1

LVB-Mobilitätszentrum (gegenüber West-
halle Hbf, Nikolaistraße) | Straßenbahn:
Hauptbahnhof | Mo–Fr 8–20, Sa 8–
16 Uhr

Buchtipps

**Frauke Hampel/Peter Hinke (Hg.):
Mit einem Reh kommt Ilka ins
Merkur** (Connewitzer Verlagsbuchhandlung, 2005) »Unruhig
glitzert die Stadt« und inspirierte
Lyriker, die Sie andere Seiten sehen
lassen, gar manchen Tipp parat haben. Weinert, Kästner, Ringelnatz,
Reimann, Demmler, Thomas Böh-
me – im Buche hat man sie alle und
Leipzig dazu!
**Susan Hastings: Schusterjunge
Karl** (Plöttner Verlag, 2012) Karl ist
noch Kind, als um die Stadt die Völkerschlacht tobt. Die Autorin zeigt
nicht die Heroen, sie zeigt, wie die
Namenlosen litten. Bestens geeignet vor dem Aufstieg aufs große
Denkmal.
Patrick Hofmann: Die letzte Sau
(Schöffling & Co., 2009) Vor allem
der Südraum Leipzig existiert in
seiner natürlichen Landschaft nicht
mehr. Noch immer fallen den Bag-
gern der Braunkohle Dörfer zum
Opfer. Wege, die es nimmer gibt,
Leben, das aufgehört zu existieren.
»Der Tagebau kam näher und näher. Die Muckauer stürzten sich

endgültig ins Vergessen. Sie wurden
sture, familiäre Leute, wahre Helden der Verdrängung.« Dem Autor
gelingt scheinbar Unmögliches: der
Blick in die schwarzen Gruben heiter, ohne Zorn.
Erich Loest: Löwenstadt (Steidl
Verlag, 2009) Generationen der
Leipziger Familie Linden geraten in
die Unwägbarkeiten der Geschichte
von Völkerschlacht bis Wendewir-
ren. Ein grandioses Zeit- und Sit-
tenbild der Stadt.
Clemens Meyer: Als wir träumten
(Fischer Verlag, 2007) Kindheit in
Leipzig. Kindheit in der Stadt der
Wende. Clemens Meyer schildert
sprachlich brillant und dramatur-
gisch ungewöhnlich die Orientierungslosigkeit der Nachwendege-
sellschaft, präsentiert ungeschönt
den Dreck und die Ecken, über die
die Politik gern hinwegsieht. Und er
zeigt Leipzig abseits der Touristen-
boulevards und Sehenswürdigkeiten. Preisgekrönt.
**Constance Neumann (Hg.): Leip-
zig – Eine Lese-Verführung** (Fischer Verlag, 2010) Constance Neumann ist bei den Klassikern und
Weltliteraten auf manche Anekdote
über die Stadt gestoßen. Ein kurz-
weiliges Vergnügen vom Aufenthalt
vor Ort mit E.T.A. Hoffmann, Goethe, Loest, Berlioz, Raabe etc.

Diplomatische Vertretungen
Österreichische Botschaft

Stauffenbergstr. 1, 10785 Berlin | Tel.
0 30/20 28 70 | www.oesterreichische-
botschaft.de

Schweizerische Botschaft

Otto-von-Bismarck-Allee 4 A, 10557 Berlin | Tel. 0 30/3 90 40 00 | www.eda.admin.ch/berlin

Feiertage

1. Januar Neujahr
Karfreitag
Ostersonntag
Ostermontag
1. Mai Tag der Arbeit
Christi Himmelfahrt
Pfingstsonntag
Pfingstmontag
3. Oktober Tag der deutschen Einheit
31. Oktober Reformationstag
Buß- und Bettag
25./26. Dezember Weihnachten

Leipzig Card

Über www.leipzig.travel/leipzigcard ist die Leipzig Card bestellbar. Eine Tageskarte (9,90 €), eine 3-Tageskarte (19,90 €) oder eine 3-Tagesgruppenkarte (37,90 € gültig für zwei Erwachsene und bis zu drei Kindern unter 14 Jahren an drei aufeinanderfolgenden Tagen). Die Karte ermöglicht freie Fahrt im ÖPNV in der Innenstadtzone, bis zu 50 % ermäßigten Eintritt bei Museumsbesuchen und Rabatte in Restaurants und beim Einkauf. Vor Ort ist der Service bei der Tourist Information erhältlich.

Links und Apps

LINKS

www.leipzig.de
Offizielle Website von Bürgermeister und Stadtverwaltung.
www.leipzig.travel
Portal der Leipzig Tourismus und Marketing GmbH zu Hotelunterkünften, Sehenswürdigkeiten, Veranstaltungen u. a. m. in Leipzig und Region.
www.leipzig-lexikon.de
Leipzig-Enzyklopädie – informativ.
www.leipzig-online.de
Aktuelle Stadtinformationen – sehr nützlich.
www.geheimtipp-leipzig.de
Empfehlenswertes abseits des Bekannten – sehr interessant.
www.verbrecherjagd.wordpress.com
Unter dieser Adresse können Sie die Innenstadt qua Schnitzeljagd erkunden. Detektivischer Verstand vorausgesetzt. Dauer, je nach Kombinationsgabe 1–1,5 Std. Diese Verbrecherjagd ist nicht nur an sich vergnüglich, sondern führt Sie an Stellen, deren Geschichte sonst in keinem Führer steht. Ein mehrmals preisgeehrtes Jugendprojekt. Vor allem für die Kids geeignet, die sich jedem offiziellen Rundgang verweigern.

APPS

easy.GO
Die App für den Nahverkehr Mitteldeutschlands.
für iPhone und Android-Handys | kostenlos
port01
Service des Stadtmagazins Port 01: Freizeittipps, Restaurants, Events
für iPhone und Android-Handys | kostenlos

Medizinische Versorgung

KRANKENVERSICHERUNG

Für Österreicher und Schweizer ist die Vorlage einer Europäischen Versicherungskarte (EHIC) ausreichend. Als zusätzlicher Versicherungsschutz empfiehlt sich der Abschluss einer Auslandskrankenversicherung, da diese Krankenrücktransporte mitversichert.

KRANKENHAUS

Universitätsklinikum Leipzig 🚩 D 3
Zentrale Notaufnahme – Patientenzugang
Zentrum Südost | Paul-List-Str. 27 | Straßenbahn: Bayrischer Platz | Tel. 9 71 78 00

APOTHEKEN

Leipziger Apotheken sind in der Regel Mo–Fr 8–18.30 und Sa 8.30–12 Uhr geöffnet. Das Netz ist engmaschig, die nächstliegenden Apotheken z. B. unter www.apotheken.de, www.aponet.de, www.leipzig-sachsen.de. Die erweiterten Öffnungszeiten der Apotheke am Hauptbahnhof sind: Mo–Sa 6.30–21 und So 10–18 Uhr.

Nebenkosten

1 Tasse Kaffee .... 1,50–2,70 €
1 Glas Bier (0,5l) .... 2,50–4,50 €
1 Glas Cola .... 2,00–3,50 €
1 Bockwurst .... ab 1,20 €
1 Einzelticket Straßenbahn ...... 2,40 €
1 Liter Super-Benzin .... 1,60 €
Mietwagen/Tag .... ab 40 €

Notruf

Euronotruf Tel. 112
(Polizei, Feuerwehr, Rettungsdienst)

Post

Briefmarken erhält man in den Postfilialen. Eine Postkarte nach Österreich und in die Schweiz kostet 0,75 €.

Reisedokumente

Österreicher und Schweizer können mit einem gültigen Reisepass oder Personalausweis (Identitätskarte) einreisen. Kinder benötigen ein eigenes Ausweisdokument.

Stadtführungen

Leipzig Details
Spezialisierte Rundgänge in Stadtteilen und zu Themen von Kräuterkunde bis Architektur, tgl. Rundgang Innenstadt.
Tel. 3 06 91 12 | www.leipzigdetails.de

Leipzig erleben
Vielfältiges Angebot von Expertenführung bis Mundartofferten, Sitz in der Leipzig Tourist Information (▶ S. 148), nur IHK-geprüfte Guides. Sehr lohnend: Kombitour 1 Std. Rundgang/ 1,5 Std. Rundfahrt 10.30 und 13.30 Uhr, mehrere tgl. Angebote und Themenführungen (auch außerhalb der Stadtgrenzen).
Tel. 7 10 42 80 | www.leipzig-erleben. com

Leipziger Stadtrundfahrten
Stadtrundfahrten mit Bussen vorm Hauptbahnhof. Treffpunkt Richard-Wagner-Str. 2. Vorsicht: Nicht alle Guides wissen, wovon sie reden!
Tel. 96 21 98 97 | www.leipzigerstadt rundfahrten.de

Stadt.Name.Land.
Dieser Veranstalter bietet abwechslungsreiche, sehr lebendige Themenführungen von Namenkunde bis Richard Wagner. Sehr empfehlenswert für alle, die noch staunen können.
Tel. 3 06 54 12 | www.stadtnameland.de

Treffpunkt Leipzig
Individuell buchbare Rundgänge und Rundfahrten. Highlight: Nachtwächter

Bremme (Sa). Auch Vorträge und Themenführungen bietet dieser Veranstalter an.

Tel. 14 97 87 9 | www.treffpunktleipzig.de

Telefon

VORWAHLEN

A, CH ▶ Deutschland 00 49
Deutschland ▶ A 00 43
Deutschland ▶ CH 00 41
Leipzig: 03 41

Tiere

Hunde und Katzen aus Österreich und der Schweiz benötigen zur Einreise einen EU-Heimtierausweis bzw. Schweizer Heimtierausweis (stellt der Tierarzt aus) mit Nachweis einer Tollwutimpfung. Das Tier muss durch einen Mikrochip identifizierbar sein. Für Schweizer Hunde und Katzen ist zusätzlich eine Gesundheitsbescheinigung erforderlich, die ebenfalls der Tierarzt ausstellt.

Verkehr

AUTO

Begrenzte Parkmöglichkeiten im Innenstadtbereich. Aktive Politessen! Mietwagen: Servicestationen an Hbf. und Flughafen. In Leipzig selbst:

teilAuto   D 2

Car-Sharing-Unternehmen mit vielen Abhol- und Abstellmöglichkeiten in der Stadt. Kundenbetrieb:

Markgrafenstr. 2 (Ecke Petersstraße) | Tel. 44 50 02 10 | www.teilauto.net

FAHRRAD

Leipzig verfügt über ein gut ausgebautes Radwegenetz. Da die Stadt viele Park- und Grünanlagen besitzt, bietet

sich eine Fahrrad-Tour förmlich an. Fahrrad-Verleih gibt es am Hauptbahnhof, an diversen Service-Stationen per Schloss oder unter

www.radfahren-in-leipzig.de

ÖPNV

Gut ausgebautes Wegenetz mit (meist) 10-Min.-Takt. Alle Sehenswürdigkeiten sind mit dem Öffentlichen Personennahverkehr erreichbar. Allerdings hohe Einzelpreise: Stundenfahrt Erwachsener: 2,40 €, Gruppen- und Sondertarife unter

www.lvb.de/tarife

Zeitungen und Zeitschriften

Die Presselandschaft in Leipzig ist vielfältig, auch wenn nur eine regionale Tageszeitung erscheint. Dafür ist die Stadt ein Podium für bezahlbare und kostenlose Monatsmagazine. Internetauftritte hat jedes Medium.

Blitz! Das Stadtmagazin

Monatsmagazin, das kostenlos an Kulturpunkten der Stadt ausliegt mit Terminkalender, vornehmlich Insider-Informationen zu Musik, Theater und Kultur.

www.blitz-world.de

Kreuzer online

»Leipzig. Subjektiv. Selektiv.« Gut recherchierte Beiträge, umfangreicher Terminkalender nach Themen geordnet, ausführliche Informationen zu Politik, Künstlern und Locations.

www.kreuzer-leipzig.de | Heft: 2,50 €

Leipziger Internet Zeitung

Die Leipziger Internet Zeitung ist nicht als Printausgabe erhältlich. Zu allen die

Stadt betreffenden Themen top informiert und kritisch. Aktuelle Informationen auf allen Themengebieten, einsehbares Archiv. Gut lesbar.
www.l-iz.de

Leipziger Volkszeitung

Die Ausgabe der Leipziger Volkszeitung im Netz, teilweise gebührenpflichtig. Professionelle Aufarbeitung auch der Bundes- und Landespolitik. Traditionelle Zeitung für den Bezirk Leipzig, überlebte als einzige Tageszeitung von nachwendisch sieben Publikationen.
www.lvz-online.de

Leipziginfo.de

»Leipzig auf einen Klick« – unabhängiges, übersichtlich sortiertes Online-Stadtmagazin. Aktuelle Infos zu Unterkünften, Gastronomie, Einkaufen, Veranstaltungen und vielem mehr.
www.leipziginfo.de

Stadtmagazin Leipzig-Sachsen

Anzeigendominiertes Online-Stadtmagazin mit vielen Geschäftsadressen zu Leipzig und Umland.
www.leipzig-sachsen.de

Zoll

Reisende aus Österreich dürfen Waren abgabenfrei mit nach Hause nehmen, wenn diese für den privaten Gebrauch bestimmt sind. Bestimmte Richtmengen sollten jedoch nicht überschritten werden (z. B. 800 Zigaretten, 90 l Wein, 10 kg Kaffee). Weitere Auskünfte unter www.zoll. de und www.bmf.gv.at/zoll. Reisende aus der Schweiz dürfen Waren im Wert von 300 SFr abgabenfrei mit nach Hause nehmen, wenn diese für den privaten Gebrauch bestimmt sind. Tabakwaren und Alkohol fallen nicht unter diese Wertgrenze und bleiben in bestimmten Mengen abgabenfrei (z. B. 200 Zigaretten, 2 l Wein). Weitere Auskünfte unter www.zoll.ch.

Wegzeiten (in Minuten) zwischen wichtigen Sehenswürdigkeiten
* mit öffentlichen Verkehrsmitteln

	Auerbachs Keller	Museum der bildenden Künste	Gewandhaus	Gohliser Schlösschen	Grassimuseum	Hauptbahnhof	Leipziger Messe	Nikolaikirche	Thomaskirche	Völkerschlacht-Denkmal
Auerbachs Keller	–	20*	20*	7*	12*	16*	30*	13*	9*	22*
Museum der bildenden Künste	20*	–	5	10	10*	16*	28*	5	30	6*
Gewandhaus	20*	5	–	15	10*	16*	28*	10	30	6*
Gohliser Schlösschen	7*	10	15	–	20*	25	24*	5	20	24*
Grassimuseum	12*	10*	10*	20*	–	12*	21*	24*	25	10*
Hauptbahnhof	16*	16*	16*	25	12*	–	21*	25	8*	16*
Leipziger Messe	30*	28*	28*	24*	21*	21*	–	30*	13*	34*
Nikolaikirche	13*	5	10	5	24*	25	30*	–	25	20*
Thomaskirche	9*	30	30	20	25	8*	13*	25	–	13*
Völkerschlacht-Denkmal	22*	6*	6*	24*	10*	16*	34*	20*	13*	–

ORTS- UND SACHREGISTER

Wird ein Begriff mehrfach aufgeführt,
verweist die **fett** gedruckte Zahl auf die Hauptnennung.
Abkürzungen: Hotel [H] · Restaurant [R]

Tauchen **Ferienwohnungen** Strand
Camping Wasserski **Segeln**
Dampferfahrten Surfen und vieles mehr...

  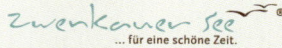

Tel. 0341/35 65 10 und 71 07 70
info@leipzigseen.de
www.facebook.com/LeipzigSeen

Alles, was im Urlaub Spaß macht, finden Sie auf
leipzigseen.de

Liebe Leserinnen und Leser,

vielen Dank, dass Sie sich für einen Titel aus unserer Reihe MERIAN *momente* entschieden haben. Wir wünschen Ihnen eine gute Reise. Wenn Sie uns nun von Ihren Lieblingstipps, besonderen Momenten und Entdeckungen berichten möchten, freuen wir uns. Oder haben Sie Wünsche, Anregungen und Korrekturen? Zögern Sie nicht, uns zu schreiben!

Alle Angaben in diesem Reiseführer sind gewissenhaft geprüft. Preise, Öffnungszeiten usw. können sich aber schnell ändern. Für eventuelle Fehler übernimmt der Verlag keine Haftung.

© 2014 TRAVEL HOUSE MEDIA
GmbH, München
MERIAN ist eine eingetragene Marke der
GANSKE VERLAGSGRUPPE.

TRAVEL HOUSE MEDIA
Postfach 86 03 66
81630 München
merian-momente@travel-house-media.de
www.merian.de

Alle Rechte vorbehalten. Nachdruck, auch auszugsweise, sowie die Verbreitung durch Film, Funk, Fernsehen und Internet, durch fotomechanische Wiedergabe, Tonträger und Datenverarbeitungssysteme jeglicher Art nur mit schriftlicher Genehmigung des Verlages.

BEI INTERESSE AN MASSGESCHNEIDERTEN MERIAN-PRODUKTEN:
Tel. 0 89/4 50 00 99 12
veronica.reisenegger@travel-house-media.de

BEI INTERESSE AN ANZEIGEN:
KV Kommunalverlag GmbH & Co KG
Tel. 0 89/9 28 09 60
info@kommunal-verlag.de

1. Auflage

VERLAGSLEITUNG
Dr. Malva Kemnitz
REDAKTION
Susanne Kronester
LEKTORAT
Irene Unterricker
BILDREDAKTION
Dr. Nafsika Mylona
SCHLUSSREDAKTION
Gisela Wunderskirchner
HERSTELLUNG
Bettina Häfele, Katrin Uplegger
SATZ/TECHNISCHE PRODUKTION
h3a GmbH, München
REIHENGESTALTUNG
Independent Medien Design, Horst Moser, München (Innenteil), La Voilà, Marion Blomeyer & Alexandra Rusitschka, München und Leipzig (Coverkonzept)
KARTEN
Gecko-Publishing GmbH für MERIAN-Kartographie
DRUCK UND BINDUNG
Firmengruppe APPL, aprinta Druck, Wemding

Ein Unternehmen der
GANSKE VERLAGSGRUPPE

PEFC/04-32-0928

BILDNACHWEIS
Titelbild (Mephisto-Bar in der Mädler-Passage), imageBROKER/vario images
Arabischer Coffe Baum 131 | arcona LIVING BACH14: H. Schunck 22 | Auerbachs Keller 29 | Caro: Keunecke 138/139, Sorge 101 | culture-images: Lebrecht 160 o | ddp images: S. Willnow 106 | dpa Picture-Alliance: P. Endig 2, 18, W. Grubitzsch 12, 104, H. Schmidt 19, 42, 45, Waltraud 63, J. Woitas 115 | fotolia: mije shots 145 | GANOS Kaffee-Kontor & Rösterei AG 37 | gemeinfrei 120, 142 l, 143, 144, 146 l | GlowImages: Novarc Images/ H. Szyzka 70 | imageBROKER: vario images 52 | imago: Caro 13 r, GASPA 38, S. Noebel-Heise 103, STAR-MEDIA 47 | Jahreszeiten Verlag: GourmetPictureGuide 61, L. Spörl 93, 124, 160 u | laif: J. Giribas/SZ Photo 34, P. Hirth 116, J. Schwarz 26, 110 | look-foto 33, 54, 91, 96, 128, 140, Roetting, Pollex 49 | M. Knoch 118 | Maitre 92 | mauritius images 64, Alamy 46, euroluftbild/R. Grahn 86, imageBROKER 74, imageBROKER/J. Tack 50/51, H. Lange 16, Novarc 135 | Raphael Waltraud/CC BY-SA 3.0 DE 147 | Schapowalow: H. Szyzka 4/5 | shutterstock: foto76 31, leomagdala 142 r, Santi0103 146 r | transit: C. Eisler 78, 85, T. Roetting 14 | vario images: Westend61 15, 6 | VISUM: T. Pflaum 20/21 | R. Weisflog/FREELENS Pool 132/133 | W. Welter 53 | G. Wenner 52 o | www.galoppfoto.de: F. Sorge 17 | Your Photo Today: Koserowsky 66

LEIPZIG GESTERN & HEUTE

Seit der Eröffnung im Jahr 1915 herrschte am Leipziger **Hauptbahnhof** (▶ MERIAN TopTen, S. 57) reger Besucherverkehr. Vor allem zu Messezeiten ging es an diesem wichtigen Knotenpunkt turbulent zu, wie das historische Plakat illustriert. Der riesige Kopfbahnhof mit seiner glasüberdachten Bahnsteighalle durchlief in den 1990er-Jahren eine umfassende Modernisierung. Durch die zahlreichen Geschäfte, die in seine Promenaden einzogen, avancierte er auch zum beliebten Shoppingziel.